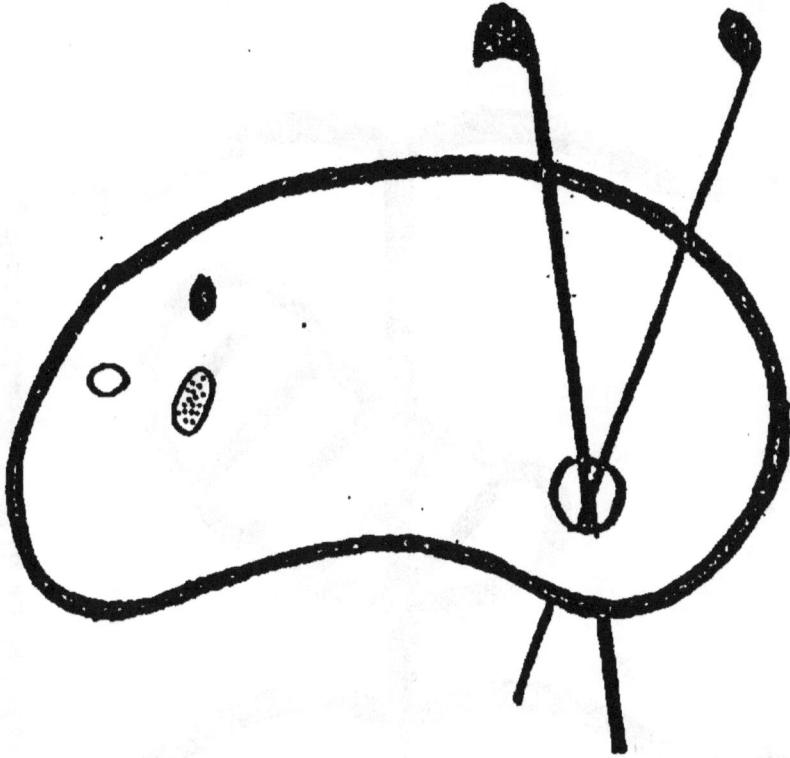

**COUVERTURE SUPERIEURE ET INFERIEURE
EN COULEUR**

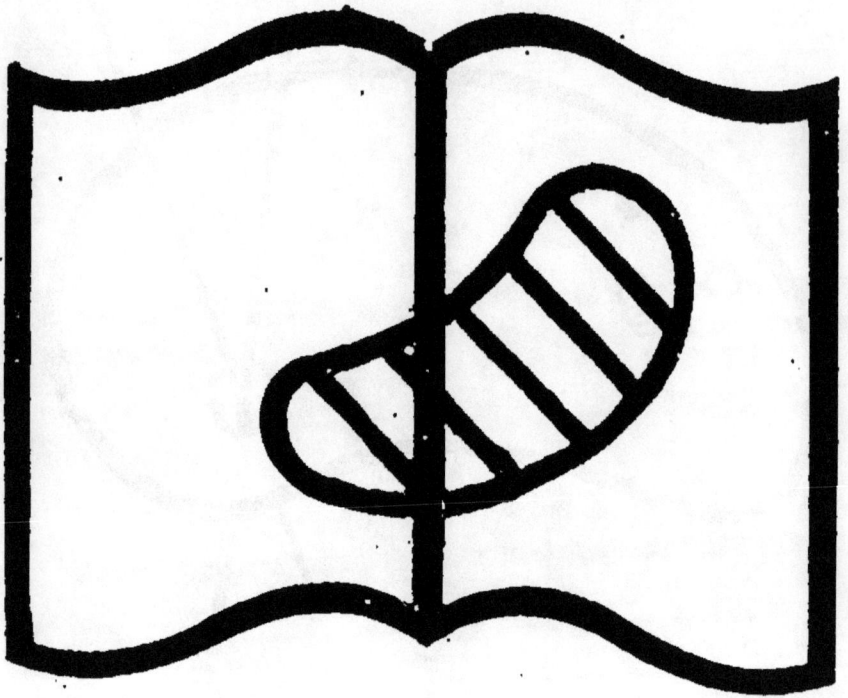

Couverture supérieure et inférieure
partiellement illisibles

GUIDE
DU PÈLERIN
ET DU TOURISTE
À NOTRE-DAME DE CHARTRES

PAR UN CHANOINE
DE LA VOIX DE PÈLERINAGE DE CHARTRES

NOUVELLE ÉDITION considérablement AUGMENTÉE

Prix : 50 centimes.

Notre-Dame
du Pilier

Notre-Dame
de sous terre

Se vend au profit de l'Œuvre des Clercs de N.-D.

CHARTRES

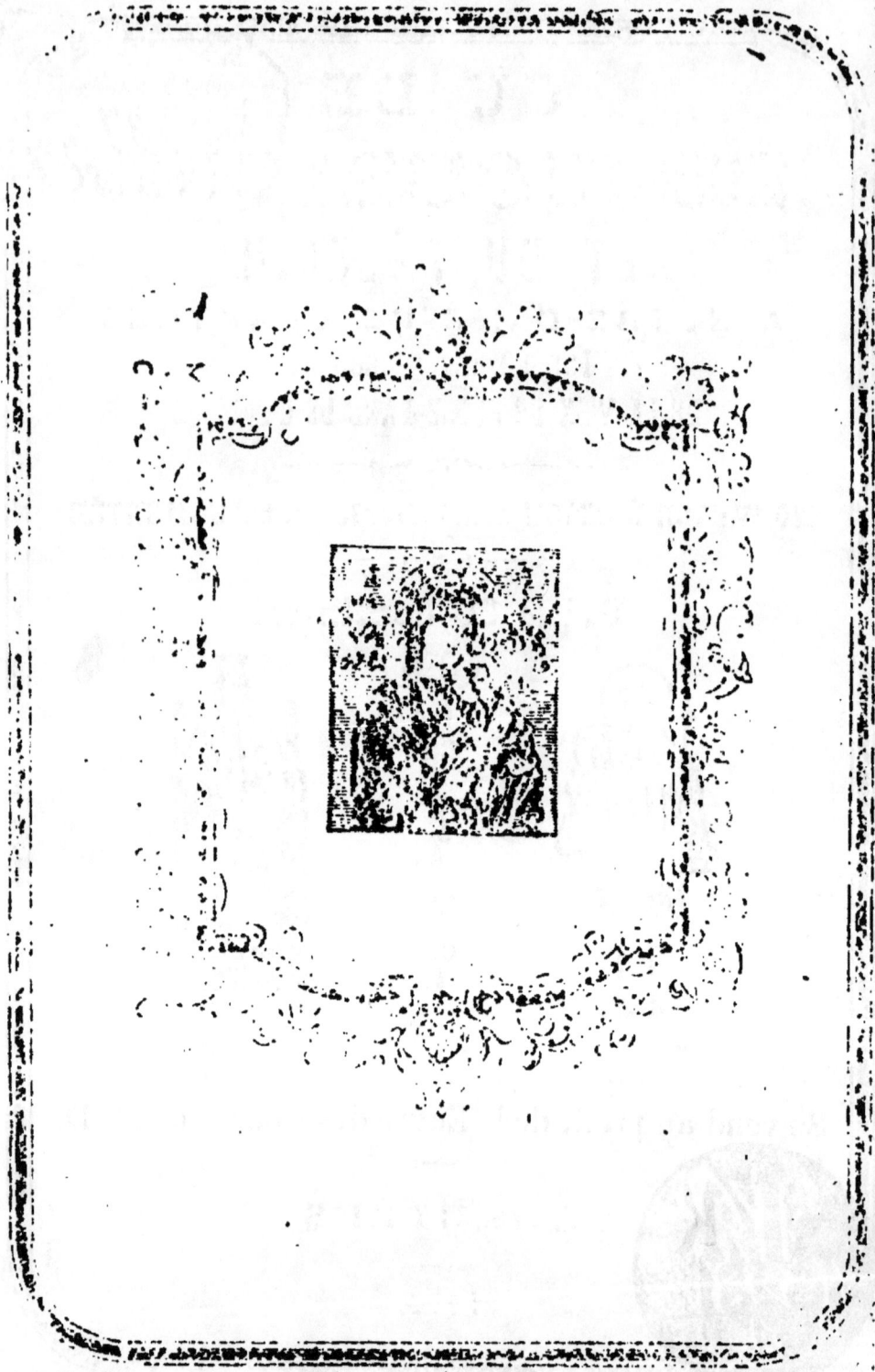

GUIDE

DU TOURISTE

& DU PÈLERIN

GUIDE
DU TOURISTE
& DU PÈLERIN

A NOTRE-DAME DE CHARTRES

par un des Rédacteurs

DE LA VOIX DE NOTRE-DAME DE CHARTRES

NOUVELLE ÉDITION

revue avec soin et considérablement augmentée d'un Chapitre sur les
églises de Saint-Pierre, Saint Aignan et Sainte-Foy.
suivi d'un appendice sur l'Œuvre des Clercs et la Consécration
des petits enfants à Notre-Dame de Chartres

Prix : 50 Centimes.

Se vend au profit de l'Œuvre des Clercs de N.-D.

CHARTRES

1885

AVIS AUX VISITEURS & AUX PÈLERINS.

Visite de la Crypte et des Clochers. — S'adresser à la maison des Clercs de N.-D.

Sainte Tunique. — Pour la vénérer, s'adresser au Chapelain de la Sainte Vierge (*près N.-D du Pilier*).

Inscription dans l'*Archiconfrérie de N.-D. de Sous-Terre*, pour les abonnements au petit journal *La Voix de N.-D.*, s'adresser au Chapelain de la Sainte Vierge, ou, *par lettre*, au Supérieur de l'œuvre des Clercs (Chartres).

Se trouvent à la Maison des Clercs & se vendent au profit de l'Œuvre :

GUIDE DU TOURISTE ET DU PÉLERIN : 50 cent. — L'HISTOIRE DE N.-D. DE CHARTRES, par l'un des rédacteurs de *la Voix de N.-D.* : 1 fr. — LES CONFÉRENCES SUR N.-D. DE CHARTRES, prêchées à la Cathédrale, par M. l'abbé Poirier. : 1 fr. 50. — SOUVENIRS DE PÈLERINAGE, Images, saintes Chemisettes, etc.

Autres avis sur le pèlerinage de N.-D. de Chartres

Lampes. — Plus de 100 lampes peuvent être entretenues tant dans la chapelle de N.-D. du Pilier, que dans l'église de N.-D. de Sous-Terre et dans la chapelle de saint Joseph. Les personnes qui désirent qu'une lampe brûle à leur intention, donnent 50 francs pour un an ; 5 francs pour un mois ; 2 fr. pour neuf jours.

Cierges. — Les fidèles prennent eux-mêmes des cierges de différentes dimensions dans l'intérieur de l'église, à l'entrée des chapelles de N.-D. Les étrangers qui nous témoignent par lettre le désir de faire brûler des cierges, précisent dans quel *nombre* et de quel *prix* ils les veulent. Le bénéfice est pour l'Œuvre des Clercs.

Neuvaines. — Les neuvaines de prières qu'on réclame pour des besoins spirituels ou temporels, se commencent le jour même où nous parvient la lettre de demande. On est prié de nous informer le plus tôt possible du succès des prières, lorsqu'on les voit exaucées. L'offrande envoyée ordinairement à l'occasion de ces neuvaines est facultative.

Ex-voto. — Nous devons déclarer aux personnes qui offrent des *ex-voto* par notre intermédiaire, qu'il nous serait très-utile de connaître la faveur obtenue, occasion de ce don. On est prié de nous en instruire, toutes les fois que des raisons particulières n'y mettront pas obstacle. Les dons en nature, comme vêtements sacerdotaux, nappes, linges d'autel, etc. faits *après consultation*, seraient souvent des *ex-voto* d'une grande utilité.

Scapulaires. — Les chapelains de N.-D. peuvent bénir et imposer le scapulaire du Carmel, celui de la Passion et celui de l'Immaculée Conception. Ce dernier, dit scapulaire BLEU, tend à se répandre de plus en plus.

Croix, Chapelets & Médailles. — On peut s'adresser aussi aux chapelains, pour l'application des indulgences à ces pieux objets.

Consécration des petits enfants à N.-D. de Chartres. — Un registre d'inscription est ouvert pour les noms des enfants consacrés et voués aux couleurs de la Sainte Vierge.

POUR PLUS AMPLES RENSEIGNEMENTS sur ces divers avis, pour les *recommandations* aux prières des Clercs de N.-D. de Chartres, pour les *messes* que l'on désire faire dire dans l'Église de N.-D. de Sous-Terre, et, en général, pour tout ce qui regarde *le pèlerinage*, s'adresser au Chapelain de la Sainte Vierge (près de N.-D. du Pilier), ou, par lettre, au supérieur de l'Œuvre des Clercs (Chartres).

GUIDE DU TOURISTE

ET

DU PÈLERIN

A NOTRE-DAME DE CHARTRES.

--•--

CHAPITRE PREMIER.

HISTOIRE ABRÉGÉE DE L'ÉGLISE DE CHARTRES.

Avant l'ère chrétienne, en ces mêmes lieux où vous voyez un temple majestueux jeter dans les airs ses deux pyramides aiguës, comme le symbole mystique d'une religion céleste et infinie, une forêt sainte ombrageait la vieille cité des Carnutes. Au centre se trouvait une grotte mystérieuse. Les Druides, éclairés par une lumière surnaturelle, y élevèrent à la Mère de Dieu une statue en bois avec cette célèbre inscription : *Virgini parituræ,* « A la Vierge qui doit enfanter (1) ».

(1) Peut-être aussi avaient-ils eu connaissance de cette prophétie d'Isaïe: *Virgo concipiet et pariet filium ;* Une Vierge concevra et enfantera un fils.

Lorsque S¹ Potentien, S¹ Altin, S¹ Eodald, envoyés dans les Gaules par S¹ Pierre sous la conduite de S¹ Savinien, évêque de Sens, vinrent annoncer aux Carnutes la bonne nouvelle du salut, ceux-ci, merveilleusement préparés *par l'espérance* à recevoir le bienfait de la *foi*, se convertirent en masse au Christianisme et construisirent au-dessus de la grotte une modeste église. S¹ Potentien et ses compagnons la dédièrent à la Sainte Vierge, et, avant de quitter les nouveaux néophytes, ils sacrèrent évêque S¹ Aventin. Mais la cité des Carnutes ne devait pas tarder à payer, comme tous les lieux où brillait le signe sacré de la rédemption, son tribut sanglant aux Césars de Rome : des milliers de chrétiens périrent victimes de la cruauté de Quirinus, gouverneur de l'antique Autricum pour l'empereur Claude. Cet homme féroce n'épargna même pas, si l'on en croit la tradition, sa propre fille, la chaste et courageuse Modeste, fit jeter son corps avec celui des autres martyrs dans un puits creusé auprès de la grotte sacrée (1), et détruisit de fond en comble le sanctuaire vénéré. De nouveau réédifié à la paix de l'Eglise, ce pieux édifice était doublement cher au cœur des pieux fidèles, puisqu'au souvenir prophétique venait se joindre

(1) Ce puits a reçu depuis le nom de puits des Saints-Forts. La trace en est aujourd'hui complétement perdue.

celui des luttes héroïques soutenues par les glorieux athlètes de la foi...

Mais hélas! il fut encore entièrement détruit par
les Normands qui, conduits par Hasting, un de
leurs chefs, pénétrèrent dans Chartres, sous le
mensonger prétexte de devenir eux-mêmes les
disciples du Christ (858). — L'évêque Gislebert
reconstruisit sa Cathédrale ; malheureusement
Thibault-le-Tricheur (le Robert-le-Diable de la
Beauce), ayant pris Evreux sur Richard, duc de
Normandie, celui-ci vint mettre le siège devant
Chartres, s'en empara, et l'église de Marie fut
comprise dans l'embrasement général qui réduisit
la ville en cendres.

A peine relevée de ses ruines, alors que la cité
chartraine ne redoutait plus, sous le règne paci-
fique de Robert, le feu des ennemis ; celui du ciel
dévora l'église dont elle était si fière, et de ce
temple magnifique il ne resta, à la suite de cet
affreux sinistre, que des débris fumants et quelques pierres calcinées (1020).

Le grand Fulbert, l'honneur et la gloire de
l'Eglise gallicane au XIe siècle, occupait alors le
siège de Chartres ; le mal, quoique immense,
était encore au-dessous du génie réparateur du
saint élève de Gerbert. Il adresse les plus tou-
chantes suppliques au roi de France, à Canut de

Danemark, à Guillaume d'Aquitaine. Leurs pieuses largesses répondent à son confiant appel... La foi, ce levier si puissant des grandes choses, anime tous les cœurs. Une émulation incroyable s'empare de tous ces travailleurs venus de toutes les contrées, sortis de tous les rangs : huit années suffisent pour achever l'église souterraine (une des merveilles de cette époque), et asseoir les fondements de l'église supérieure dont la dédicace eut lieu l'an 1037, sous Thierry, successeur immédiat de Fulbert, mort en 1029. Saint Yves fit construire un magnifique jubé à l'entrée du chœur. — Vers l'an 1145, on jeta (sous Geoffroy de Lèves) les fondements de ces deux admirables clochers qui formeraient, selon un vieil adage, avec le *chœur* de Beauvais, la *nef* d'Amiens et le *portail* de Reims, la plus belle cathédrale du monde. Cette admirable basilique devait, comme les précédentes, devenir au mois de juin de l'année 1194, la proie d'un terrible incendie. Le clocher vieux seul demeura debout, le second garda sa base intacte (40 mètres) (1) : mais sa flèche, alors en bois, disparut dans les flammes; mais au milieu de ces débris, les cryptes restèrent intactes. L'évêque Regnault de Mouçon, animé, ainsi que

(1) Ces clochers étaient saillants et ne tenaient au reste de l'édifice que par l'extrémité de leurs angles.

son troupeau fidèle, par les chaleureuses exhortations du cardinal Mélior, légat du pape Célestin III, fit relever la Cathédrale en ruines. Il y déploya une magnificence digne de cette religieuse époque, où succédait à l'enthousiasme des croisades la sainte ard. ur des constructions pieuses, auxquelles l'art chrétien (parvenu à son apogée), imprimait une étonnante splendeur! On ignore le nom de l'homme qui fut doué d'une conception assez vaste pour enfanter une si grande merveille; mais tout porte à croire qu'il faisait partie de ces corporations nomades de maçons, de tailleurs d'images, d'artistes d'élite qui, sous la conduite d'un simple moine, sillonnaient la France en bâtissant des églises; et que le peuple appelait naïvement *les logeurs du bon Dieu.*

La Cathédrale, telle que nous la voyons aujourd'hui, fut consacrée et solennellement dédiée à MARIE, le 17 octobre 1260, par l'évêque *Pierre de Maincy,* en présence de saint Louis et de sa royale famille.

Toutefois la statuaire des deux porches latéraux ne fut terminée que vers 1280. La sacristie fut construite en 1310. En 1324 la chapelle de saint Piat fut érigée au chevet de l'église. La chapelle de Vendôme, pratiquée au côté méridional de la nef, a été ajoutée en 1413 (1). La flèche du clocher neuf, dont l'admirable travail est dû à *Jehan de Beauce*, commencée en 1507, fut terminée en 1513. La merveilleuse clôture du chœur remonte également au XVIe siècle ; on y travailla pendant près de deux cents ans. Le dernier groupe fut posé en 1714.

Ici s'arrête l'inspiration religieuse et artistique, qui jusqu'alors avait dirigé les constructions et les embellissements intérieurs du temple de la Vierge-Mère ; le XVIIIe siècle y apposa son cachet froid, mesquin, ennemi de toute idée grandiose et inspirée d'en haut.

Le jubé, cette délicieuse tribune ouvrée avec tant d'art au Moyen Age, fut abattu et remplacé par deux murs pauvrement sculptés qui n'existent plus aujourd'hui (2).

Les scènes charmantes de la riche clôture du chœur furent masquées de bas-reliefs ; plusieurs verrières furent défoncées, comme si la lumière du jour devait s'accroître à proportion de la diminution de la foi dans les cœurs!

Si la tourmente révolutionnaire ne put entraî-

(1) Louis de Vendôme la fit construire pour accomplir un vœu qu'il avait fait à la Sainte Vierge.
(2) On peut maintenant jouir de la vue du chœur de toutes les parties de la grande nef.

nér la ruine extérieure de la majestueuse Cathédrale, elle ne respecta pas le sanctuaire de la
Divinité. Les vases sacrés furent profanés, la statue druidique et son autel antique, devinrent l'objet de ses fureurs; l'airain, qui naguère appelait
de sa voix sonore les fidèles à la prière, fut transformé en vile monnaie, et au culte de la Vierge
immaculée fut substitué celui de la déesse Raison!..... Mais au souffle infernal et sacrilège qui,
en passant sur notre belle patrie, avait détruit les
admirables monuments, expressions sublimes de
ses plus chères espérances, succéda l'ardeur pu-
rifiante de la foi. Les autels mutilés se relevè-
rent; la divine victime, l'hostie de paix y fut
offerte en expiation et en holocauste, afin d'apai-
ser le ciel irrité par tant de crimes. La Vierge-
Mère se vit de nouveau honorée dans ce magnifique sanctuaire où elle n'avait cessé de recevoir
les hommages de son peuple chéri, que lorsque la
Religion, les yeux baignés de larmes et la tête
couverte d'un voile de deuil, se fut assise comme
une reine découronnée, sur les débris de ses
temples dévastés!.,...

Nous terminerons cette histoire rapide de la
Cathédrale de Chartres, en parlant du dernier
incendie qui, le 4 juin 1836, dévora sa magnifique charpente, et menaça de détruire les deux

clochers. Le feu mis, dit-on, par l'imprudence de deux ouvriers plombiers, se déclara avec une horrible violence. Malgré d'incroyables efforts, il dura onze heures consécutives, et ne s'arrêta que lorsqu'il ne trouva plus d'aliment. Outre la charpente de la nef et du chœur, les beffrois des deux clochers avaient été consumés, et toutes les cloches fondues. Cependant l'édifice en lui-même n'éprouva que de faibles dégâts, et les admirables verrières restèrent intactes.

Un crédit demandé aux Chambres et obtenu par M. Sauzet, ministre des cultes, permit de reconstruire une charpente en fer, la plus belle qui existe en Europe: si elle ne peut rivaliser en beauté avec *l'antique forêt* (1), elle est du moins à l'abri des accidents, et l'industrie moderne s'y trouve dignement représentée.

Une habile restauration, en rendant à la piété des pèlerins la crypte de saint Fulbert, est une nouvelle preuve de ce retour à l'art chrétien qui honore notre siècle... L'observateur religieux le contemple avec une sainte joie, comme un brillant reflet de la foi des anciens jours.....

(1) Nom donné à l'ancienne charpente, à cause de la multitude des pièces de bois dont elle était formée.

CHAPITRE II.

DESCRIPTION DE L'EXTÉRIEUR DE LA CATHÉDRALE DE CHARTRES.

Nous ne venons pas, en essayant d'offrir aux visiteurs des détails précis sur l'extérieur de notre belle Cathédrale, jouer le rôle de ces *cicerone* qui cherchent à exciter l'intérêt de ceux qu'ils accompagnent, par des récits emphatiques ou d'admiratives exclamations... Non, nous sentons que, devant les beautés que présente aux regards le temple de Marie, il vaut mieux laisser au touriste ou au pèlerin ses impressions personnelles, et se borner à lui donner quelques explications, dont il pourra un jour s'aider, quand il voudra reconstruire dans sa pensée le magnifique monument que ses yeux contemplent en ce moment avec étonnement et bonheur !

On a dit avec beaucoup de justesse que l'extérieur de la Cathédrale de Chartres, considérée dans sa vaste étendue, n'excite point d'abord une vive surprise ; il offre, en effet, une grande simplicité : c'est le produit d'un art régénéré qui exclut tout vain ornement.

Les abords de ce majestueux édifice, situé sur le point culminant de la ville, sont obstrués par des ruelles qui en dérobent aux regards les plus beaux aspects. Les chartrains, si justement fiers de leur antique basilique, ont compris la nécessité de la dégager de tout ce qui en empêche l'accès. Pour atteindre ce but, une commission administrative s'est formée. Grâce au zèle de ses membres et à la générosité des souscripteurs, le travail de *démolition* est commencé, et tout fait espérer qu'il sera continué.

Afin de mieux étudier la savante et harmonieuse combinaison de ses lignes, plaçons-nous à l'entrée de la *Rue aux Herbes*, vis-à-vis du porche méridional (1). Nous verrons de ce point se dérouler toutes les parties du majestueux édifice.

A *gauche* les deux flèches aiguës s'élancent dans les airs; les contre-forts (2) de la nef se dressent avec leurs triples arcs.

(1) Si l'on vient du chemin de fer, il faut laisser à gauche l'évêché, tourner à droite, en passant devant le porche occidental; descendre la place du Parvis Notre-Dame, et se mettre à l'entrée de la rue indiquée dans le *Guide*.

(2) La cathédrale en compte trente, dont dix soutiennent la voûte du chœur; cette belle basilique a été bâtie avec des pierres provenant des carrières de Berchères-l'Evêque... Le temps a passé sur elles sans leur faire sentir ses rigueurs.

A droite se présentent et les lancettes et les galeries, et la tour absidale, et les doubles arcs-boutants.

En face, le perron et le portail avec ses deux belles tours, sa riche statuaire, ses pinacles, ses gargouilles, enfin sa rose aux délicats compartiments.

La toiture de l'édifice est très-élevée et très-aiguë. L'ancienne charpente en bois qui a été détruite par l'incendie de 1836, passait pour un véritable chef-d'œuvre; elle datait des dernières années du XIIIᵉ siècle. Celle qui la remplace a été achevée en 1841. Elle est en fer et en fonte; elle se dessine en ogive très-aiguë. Une passerelle en bois permet de la parcourir intérieurement dans toutes ses dimensions.

Nous avons pu déjà le voir, la Cathédrale de Chartres a la forme d'une croix latine. Son abside est tournée vers le nord-est. Elle a trois façades qui offrent chacune un caractère particulier, tout en ayant entre elles ce qu'on pourrait appeler une ressemblance de famille. Nous allons en donner la description successive, en commençant par la façade méridionale dont le magnifique ensemble se développe à nos regards.

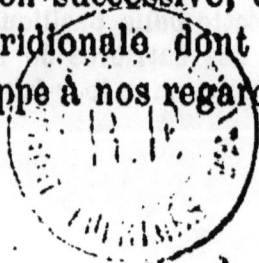

FAÇADE MÉRIDIONALE.

Le style du portail méridional est à la fois élégant et riche : exhaussé sur dix-sept marches, il est distribué en trois grandes arcades, soutenues par des massifs et des pieds droits ornés de sculptures, et sur des colonnes isolées, dont la plupart des fûts sont d'une seule pierre.

Ce portail nous représente Jésus-Christ glorifié non pas seulement en lui-même, comme nous le verrons au porche occidental, mais dans ses membres, dans ses élus. C'est le porche du *Jugement dernier.*

Sur le trumeau de la porte centrale s'élève la statue colossale de Jésus-Christ. Sur les parois se dressent les statues des douze apôtres.

Au premier étage du tympan, Jésus est assis comme un juge sur son trône. On voit à ses côtés Marie et saint Jean. Au second étage sont figurés le *pèsement des âmes* et la *séparation des bons d'avec les méchants.*

La baie latérale de gauche est consacrée aux martyrs. Le tympan représente l'histoire de saint Etienne.

La baie latérale de droite est consacrée aux

confesseurs. Le tympan nous offre plusieurs traits de la vie de saint Martin et de celle de saint Nicolas.

Le pignon de chaque baie du porche est orné d'une niche élégante, contenant plusieurs figures de pierre artistement sculptées.

L'entablement du Porche est surmonté d'une riche galerie avec dais et pinacles, d'un travail admirable.

Cette galerie couverte renferme 18 statues colossales représentant LES ROIS DE JUDA, ancêtres de JÉSUS-CHRIST.

Enfin les différentes parties du porche sont décorées de pampres de vigne chargés de leurs fruits ; ils sont remarquables de grâce et de délicatesse et rappellent la parole du Sauveur : *Ego sum vitis, vos palmites.*

Dirigeons-nous maintenant vers le Portique occidental situé sur la place du Parvis.

FAÇADE OCCIDENTALE.

Description des clochers.

La façade occidentale, qui est la principale des trois, est remarquable autant par ses proportions colossales que par la richesse de sa décoration fort appréciée des connaisseurs ; en y comprenant les deux clochers, elle s'étend sur une largeur de 48 mètres. Trois portes, élevées sur un perron de six marches, occupent sans intervalle toute la partie intérieure. Celle du milieu est appelée porte royale parce qu'elle servait à l'entrée des rois de France. Elle est, ainsi que les autres portes, ornée de nombreuses statues.

Cette façade fut construite sous l'épiscopat de Guillaume de Champagne, vers l'an 1170.

Le porche occidental est le porche de *Jésus-Christ* (1).

Jésus-Christ promis, venu et *glorifié*, tel est le sujet qui s'offre ici à nos regards.

Jésus promis au monde doit se lire sur les six parois latérales des trois baies et sur les pieds droits des 3 portes. Les statues qui s'y dressent, représentent cette majestueuse succession de patriarches, de prophètes, de rois et de reines qui ont eu l'honneur de se transmettre d'âge en âge, l'espérance d'engendrer le Sauveur du monde.

Jésus venu au monde, c'est bien le sujet qui se lit au tympan de la porte latérale de droite, mais c'est surtout le sujet des chapiteaux où depuis la Conception Immaculée de la Très-Sainte Vierge, jusqu'à l'Ascension glorieuse de Notre-Seigneur

(1) Il échappa heureusement aux flammes qui, en 1194, détruisirent la Cathédrale.

tout l'Evangile se trouve aussi complètement que dans la clôture du XVIe siècle.

Jésus nous apparaît *glorifié* d'abord dans son Ascension, figurée au tympan de la porte latérale de gauche ; puis dans son séjour au ciel, qui nous est représenté au tympan de la porte centrale où nous contemplons ce divin Sauveur, siégeant sur son trône, environné d'une auréole de gloire, au milieu des quatre évangélistes, au sein de l'assemblée immortelle des anges et des saints.

Mais ce qui, dans cette façade, fixe surtout l'attention, ce sont les deux clochers qui l'accompagnent. Le clocher à droite ou méridional, qu'on appelle *clocher vieux* (1), n'offre à sa base aucun ornement ; mais il se transforme à mesure qu'il s'élance en une flèche aiguë à huit pans, percée de lucarnes, sans qu'il soit possible de dire où finit la construction massive et où commence la construction légère. C'est qu'en effet elles se prêtent mutuellement secours, et communiquent à l'ensemble une admirable unité ; trois statues ornent la base méridionale de cette surprenante pyramide. La première représente un ange tenant un cadran solaire ; la deuxième, placée sur le con-

(1) Commencé en 1145, il fut terminé avant l'incendie de 1194, dont il eut légèrement à souffrir. La hauteur totale de ce clocher, à partir du sol jusqu'au croissant, est de 106 mètres 50.

trefort voisin, a reçu le nom populaire de *l'âne qui vielle*, et la troisième de *truie qui file*. Quatre frontons très-aigus ornent, à la naissance de la flèche, les quatre pans de la tour. La flèche est en pierre tendre taillée en écailles imbriquées. Vers le haut de la pyramide, il y a une lucarne carrée d'où part une échelle en fer qui permet de monter jusqu'au globe en cuivre doré, dans lequel la croix est entée. Cette croix a les bras terminés par des étoiles, et porte pour girouette un croissant, par allusion à ce passage de l'Apocalypse, où Marie est représentée *comme revêtue du soleil, la lune sous les pieds et une couronne d'or sur la tête.*

L'intérieur du clocher vieux est divisé en étages. Le 2e contenait autrefois deux énormes bourdons qui, en 1793, descendirent dans le creuset révolutionnaire, pour être convertis en gros sous et en canons.

Le clocher septentrional est appelé *clocher neuf,* quoique sa base, jusqu'à la hauteur *de la Galerie des rois,* date du même temps que le clocher vieux (milieu du XIIe siècle). Sa flèche en bois et en plomb ayant été incendiée en 1506, le *maçon* Jean Texier, dit Jehan de Beauce, jeta dans les nues cette admirable flèche toute couverte de festons et de dentelles de pierre, qui semble, dans sa coquetterie architecturale, jeter un défi à la majestueuse simplicité de son rival aérien. Elle est surmontée d'une croix et d'un soleil avec ces inscriptions: *Ego sum lux mundi. Jesu sol justitiœ miserere populi tui.*

Le clocher neuf, dont la hauteur totale est de 115 mètres 18, se divise en 7 étages dont 6 voûtés en pierre.

Le 4e renferme deux grosses cloches fondues en 1840, par M.M. Cavillier; l'une *Marie*, pèse 6,000 kil., l'autre *Joseph*, en pèse 2,350.

Le cinquième étage renferme les cloches fondues en 1845 par M. Petitfour; savoir *Anne, Elisabeth, Fulbert, Piat.* — Ces cloches sont trop petites pour une cathédrale comme celle de Chartres; Malgré leur petitesse, ces cloches ne sont pas indignes de la Cathédrale: aux jours de fête elles lancent sur les vastes plaines de la Beauce des notes très harmonieuses que l'on entend toujours avec un religieux plaisir. Une riche et large galerie, avec une balustrade à compartiments flamboyants, règne tout autour de cet étage. Aux quatre angles de la galerie s'élève un élégant clocheton, garni de niches, de frontons, de pinacles, de crochets, etc. Les clochetons se rattachent au corps du clocher par des arcatures festonnées qui portent des monstres et des chimères. Les niches contiennent chacune une statue colossale. L'une de ces statues, celle de St Jean-Baptiste porterait, dit la tradition, les traits de Jehan de Beauce.

C'est dans le 6e étage que se trouve la chambre des *Guetteurs* autour de laquelle règne une large galerie (1), ornée de la plus belle balustrade en pierre qui existe en France. Outre ses ravissantes découpures on y voit huit frontons aigus et huit clochetons ornés de crochets de feuillages, de figures de fantaisie, de pinacles, de gargouilles allongées etc., etc.

Le 7e étage du clocher est une lanterne à huit pans percée de 6 arcades à tympans sculptés et surmontés de frontons triangulaires. C'est là qu'est suspendue la cloche du timbre et du tocsin. Fondue en l'an 1520, elle pèse environ 5,000 kil. et porte 8 mètres 16 cent. de circonférence.

Enfin la flèche se termine par une pyramide octogonale en écailles imbriquées, et dont les arêtes sont hérissées de crosses végétales.

Cette pyramide fut couronnée, par *Claude Augé*, sculpteur Lyonnais, d'un vase de bronze entrelacé

(1) Cette galerie sert d'observatoire aux *Guetteurs* qui, la nuit, sont obligés d'en faire le tour pour dénoncer *de demi-heure en demi-heure,* un incendie s'ils aperçoivent des flammes, ou s'ils n'en voient pas, crier, selon la vieille coutume du moyen âge : REPOS; aux quatre vents.

de serpents (XVIII° siècle); c'est dans ce vase qu'est entée la croix, surmontée d'un soleil qui domine tout l'édifice comme pour annoncer au loin le mystère de la rédemption des hommes, et symboliser le soleil de justice qui ne cesse d'illuminer le monde de ses divins rayons. L'archéologue accorde ses préférences au *clocher vieux*, les sympathies des populations sont pour le *clocher neuf*. Honneur et gloire au monument qui peut offrir un pareil choix !...

Complétons la description de la façade occidentale en indiquant le triplet ogival et vitré ; la rose aux élégants compartiments ; une balustrade avec trottoir, enfin un pignon orné d'une niche renfermant la Vierge Marie entre deux anges thuriféraires.

Portons maintenant nos pas vers le *Portail septentrional ;* mais avant de le considérer en lui-même, remarquons ce que l'extérieur de la cathédrale, envisagé du côté du *Nord*, offre de curieux à nos regards.

1° La structure singulière des arcs-boutants en forme de sections de roues qui s'élancent des contre-forts, et sont comme eux destinés à comprimer et consolider les voûtes ;

2° La structure non moins étonnante des contre-

forts, sorte de piliers carrés très saillants à la
base, diminuant dans leur hauteur, et ornés de
statues représentant des évêques et des abbés
revêtus de leurs ornements ;

3º L'heureuse disposition des trois tours latérales qui flanquent les extrémités du transept
et du chœur ; la courbure de l'abside (1) ;

4º La forme élégante du pavillon de l'horloge ;

5º L'effet pyramidal et si éminemment pittores-
que du chevet (2), quand on le considère des jar-
dins de l'Evêché ;

6º La légèreté des galeries extérieures qui, placées au-dessus des corniches terminant les murs
principaux, permettent de faire à diverses hauteurs
le tour de l'édifice ;

7º Enfin la remarquable statue de l'Ange Gar-
dien. Cette statue domine tout l'édifice, indiquant
d'une main le côté d'où souffle le vent, et de
l'autre tenant le signe sacré de la Rédemption
du monde !

Admirable conception qui, en rappelant à l'homme que les anges du ciel veillent sur lui, montre
à ce pauvre exilé, la croix du Sauveur comme un
signe radieux d'espérance et d'amour.

(1) Ce même nombre se reproduit du coté opposé.
(2) Le chapitre fit ériger en 1824 une grande chapelle au
chevet de l'église, sous le vestibule de saint Piat.

FAÇADE SEPTENTRIONALE (1).

Le portail septentrional, d'un style noble et sévère, est en même temps le plus riche de détails. Le porche ou péristyle, qui en est la partie principale, est élevé sur un perron de treize marches, et présente trois arcades ogivales, surmontées de pignons, correspondant aux trois entrées du fond. Ces portiques sont décorés, ainsi que les voussures, d'une quantité de statues, de groupes, de bas-reliefs et d'ornements, aussi curieux par la manière dont ils sont travaillés que par l'étonnante variété de leur composition (2).

Au Moyen âge, le portail septentrional était toujours consacré à la Très-Sainte Vierge, le refuge des pécheurs et la Mère des miséricordes. Suivant cette pieuse coutume, celui qui fait l'objet de nos observations raconte en pierre la généalogie charnelle et spirituelle de Marie, ses prérogatives, ses vertus, ses occupations, sa vie, sa mort, sa glorieuse assomption et son couron-

(1) Cette façade est celle qui termine le transept du côté de l'évêché.

(2) Elles sont au nombre de 700 ; on en compte en tout, tant à l'intérieur qu'à l'extérieur, 4,272. Un savant, M. Didron, dit que la Cathédrale de Chartres, unique en son genre, contient 9,000 figures peintes ou sculptées.

nement dans le ciel ; de plus il nous montre les personnages figuratifs de l'ancienne loi, car toute l'iconographie des églises gothiques n'est qu'un livre de doctrine et de morale, une sorte de théologie chrétienne destinée à l'instruction du peuple et à l'édification des fidèles.

Entrons maintenant dans quelques détails.

Le porche du nord est donc dédié à MARIE. Cette divine Vierge nous apparaît dans les bras de sainte Anne, sa mère, sur le trumeau de la porte centrale.

Les parois de la porte centrale sont ornées des statues gigantesques des dix personnages suivants : en commençant à gauche, 1o Melchisédech, 2o Abraham, 3o Moïse, 4o Samuel, 5o David, 6o Isaïe, 7o Jérémie, 8o Siméon, 9o saint Jean-Baptiste, 10o saint Pierre.

A la gauche de saint Pierre se trouve Elie, et à la droite de Melchisédech, Elisée.

Les parois de la porte latérale de droite ont six statues qui représentent, en commençant à gauche : 1o Balaam, 2o la reine de Saba, 3o Salomon, 4o Jésus, fils de Sirach, 5o Judith, 6o Joseph.

Les parois de la porte latérale de gauche offrent d'un côté l'Annonciation, qui comprend trois personnages : *Isaïe, Gabriel et Marie* ; de l'autre côté, la Visitation : dans cette scène figurent

MARIE, *Elisabeth et Daniel.*

Chose étrange dans un siècle de lumières, cette admirable statuaire, qui peuple l'extérieur de nos cathédrales gothiques, est regardée par plusieurs comme des produits de l'ignorance et de la barbarie. Plaignons ces pauvres aveugles et surtout ne les imitons pas.

Le tympan de la porte latérale de gauche offre l'histoire de la *Naissance du Sauveur,* celle des *Bergers et des Mages.*

Le tympan de la porte latérale de droite surabonde de symboles relatifs aux *Vertus de Marie, sa pureté, sa sagesse, sa résignation, son humilité etc.* Elles sont représentées par les plus nobles figures de l'ancien Testament: telles que *Salomon, Samson, Gédéon, Esther, Job, Tobie.*

Le tympan de la porte centrale nous représente *la Mort, l'Assomption* et le *Couronnement* de MARIE.

Tels sont les principaux objets qui s'offrent ici à l'admiration des visiteurs au milieu de tant de merveilles.

Au-dessus du porche s'élève, en retraite, la partie supérieure du portail, flanquée d'abord de deux petites tourelles octogones, puis de deux grosses tours carrées et terminées par un pignon triangulaire orné d'une statue de la Vierge.

Au-dessous, la partie centrale est entièrement remplie par un retrait divisé en cinq panneaux, surmontés d'une très-belle rose à compartiments. Ce porche, dont la construction est due à la munificence de saint Louis, est par conséquent l'œuvre du xiiie siècle... (1) Maintenant faisons silence et recueillons-nous avant de pénétrer dans ce temple où l'on respire à un si haut point la majesté du Dieu trois fois saint, que Napoléon en y entrant pour la première fois s'écria : *« Un athée « serait mal ici ! »*

~~~~~~

CHAPITRE III.

DESCRIPTION DE L'INTÉRIEUR DE LA CATHÉDRALE DE CHARTRES.

« Purifiez-vous car ce lieu est saint ». Cette parole, tirée de nos livres sacrés, semble admirablement convenir à la pieuse exploration que nous allons entreprendre, dans une des plus majestueuses demeures que la main des hommes ait consacrées à la Divinité. Oui, pour parcourir les

(1) Le xive revendiquerait cependant avec raison la partie supérieure de la façade septentrional, à commencer de la galerie couverte.

parvis de la maison du Seigneur, laissons loin, bien loin derrière nous, les vaines préoccupations de la terre, et par la contemplation des choses visibles, élevons-nous jusqu'à celle des choses invisibles, et des vérités incréées.

Avant de commencer l'explication de toutes les beautés artistiques qui frappent vos regards, permettez-nous de vous conduire aux pieds de la Vierge Noire, *de la Vierge du Pilier*, pour y saluer la douce Reine de ces lieux bénis... après lui avoir rendu ce témoignage de vénération et d'amour, examinons ensemble cette riche galerie de sculpture qui orne extérieurement la clôture du chœur (1).

Ce magnifique ouvrage en pierre, se compose de 40 tableaux représentant l'histoire de la Très-Sainte Vierge et les principaux traits de la vie de Notre-Seigneur; mais afin de suivre l'ordre chronologique, il nous faut aller rejoindre le côté droit du chœur. Pour utiliser nos pas, nous désignerons par leurs noms les cinq chapelles comprises dans son pourtour (2) : hâtons-nous de

(1) Commencée en 1514 sur les dessins de Jean Texier, dit Johan de Beauce, elle ne fut terminée qu'en 1714 et même plus tard.

(2) Autrefois ces chapelles étaient au nombre de sept, deux ont été supprimées: celles de St Jean-Baptiste et de St Piat.

dire que leur restauration dans le style gothique
est projetée, et que cette pensée artistique autant
que chrétienne ne tardera pas à être mise à
exécution.

La première de ces chapelles, placée à la droite
de la sacristie, est celle de *Saint Julien*, dite aujourd'hui de l'*Ecce Homo*.

La seconde est celle de *Saint Etienne* ou *des
Martyrs*: elle est actuellement placée sous l'invocation du Sacré-Cœur de Marie (1).

La troisième, celle du rond-point, appelée aujourd'hui *Chapelle de la Communion*, était dédiée
aux *Saints Apôtres*; on la nommait souvent *la
Chapelle des Chevaliers*, (à cause d'une fondation
que plusieurs chevaliers y avaient faite), ou *la
Chapelle des Enfants de Chœur*, parce que cette
messe des chevaliers devait être chantée par les
enfants de chœur et célébrée par leur maître.

Entre cette chapelle et la suivante, se trouve
l'escalier qui conduit à la chapelle *de Saint Piat*,
belle construction du xive siècle placée, comme
nous l'avons déjà dit, au chevet de l'église. Au
dessous se trouve l'ancienne salle capitulaire qui
sert actuellement de salle d'étude aux enfants de
la maîtrise.

La quatrième chapelle est celle de *Saint Nicolas*

(1) Cette chapelle est nouvellement restaurée.

ou *des Confesseurs et des Vierges* : elle est aujourd'hui dédiée au Sacré-Cœur de Jésus.

La cinquième chapelle, appelée aujourd'hui *Chapelle de tous les Saints*, était autrefois dédiée à
Saint Loup et à *Saint Gilles*.

CLOTURE DU CHŒUR.

Le premier groupe qui commence le récit mystique, historique et légendaire de la vie de la
Très-Sainte Vierge, représente l'apparition de
l'Ange à Joachim, lui annonçant la naissance
d'une fille sur laquelle l'Esprit-Saint reposera.

Le 2e, l'Apparition de l'Ange à sainte Anne.

Le 3e, la Rencontre de Joachim et d'Anne.

Le 4e, la Naissance de la Très-Sainte Vierge.

Le 5e, sa Présentation.

Le 6e, son Mariage avec saint Joseph.

Le 7e, l'Annonciation.

Le 8e, la Visitation (1).

Le 9e, saint Joseph tiré de son doute par un

(1) Entre ce groupe et le suivant se trouve le cadran d'une
ingénieuse horloge en partie détruite en 1793. A côté est une
élégante tourelle (style Renaissance), qui permettait de monter
à l'horloge. Elle était placée au milieu des mystères de l'Incarnation pour indiquer l'ère nouvelle qui s'ouvrait désormais
pour les nations civilisées.

Ange qui lui apparaît pendant son sommeil.

Nous allons maintenant entrer dans la vie du Sauveur des hommes :

Le 10ᵉ groupe représente la Naissance de l'Enfant Jésus.

Le 11ᵉ, la Circoncision.

Le 12ᵉ, l'Adoration des Mages.

Le 13ᵉ, la Purification et la Présentation de Jésus au temple.

Le 14ᵉ, le Massacre des Innocents.

Le 15ᵉ, le Baptême de Notre-Seigneur.

Le 16ᵉ, la triple Tentation.

Le 17ᵉ, la Chananéenne.

Le 18ᵉ, la Transfiguration, justement admirée entre tous les autres groupes.

Le 19ᵉ, la Femme adultère.

Le 20ᵉ, la Guérison de l'aveugle-né (1).

Le 21ᵉ, l'entrée de Jésus à Jérusalem : ce groupe occupe deux niches.

Le 22ᵉ, l'Agonie de Jésus.

Le 23ᵉ, la Trahison de Judas.

Le 24ᵉ, Jésus devant Pilate.

Le 25ᵉ, la Flagellation.

_____

(1) Ici règne un espace où se trouvait, avant *la restauration* du chœur, un grand nombre de précieuses reliques conservées dans des reliquaires d'or et d'argent et placées sur un autel qui a également disparu.

Le 26ᵉ, le Couronnement d'épines.

Le 27ᵉ, le Cruciflement.

Le 28ᵉ, la Descente de Croix.

Le 29ᵉ, la Résurrection.

Le 30ᵉ, l'Apparition aux saintes femmes.

Le 31ᵉ, Jésus et les disciples d'Emmaüs.

Le 32ᵉ, Jésus et Thomas.

Le 33ᵉ, Apparition de Jésus ressuscité à la Vierge Marie.

Le 34ᵉ, l'Ascension.

Le 35ᵉ, la Descente du Saint-Esprit.

Le 36ᵉ, Notre-Dame adorant la Croix (1).

Le 37ᵉ, le Trépassement de Notre-Dame.

Le 38ᵉ, le Portement de Notre-Dame (2).

Le 39ᵉ, le Sépulcre de Notre-Dame.

Enfin le 40ᵉ, le Couronnement de la Sainte Vierge.

Ici s'arrête la série des faits racontés par la partie principale de la célèbre clôture; il serait

---

(1) D'après la légende dorée, Marie visita fréquemment les différents endroits de la Passion de son divin Fils. C'est une de ces visites qui est représentée ici.

(2) Saint Pierre préside au convoi funèbre, saint Jean ouvre la marche, saint Jacques-le-Majeur porte le goupillon, saint Jacques-le-Mineur, le rituel et le bénitier, saint Barthélemy, un chapelet. La Sainte Vierge lui avait appris à réciter des prières en tenant à la main des grains enfilés.

trop long de donner le détail des trente-cinq médaillons, faisant tableaux, qui ornent le stylobate
de la clôture dans sa courbure absidale ; nous di-
rons seulement que le premier de tous, en commençant par la porte latérale du midi, représente
Chartres assiégé par Rollon en 911, et que le pontife, que l'on voit montrant du haut des murailles,
la sainte Tunique de la Mère de Dieu, est l'évêque
Gausselin. Les autres sujets sont tirés de l'Ancien
Testament, à l'exception de douze qui n'offrent
que des conceptions fantastiques ou empruntées à
la mythologie, et des sept derniers, lesquels sont
timbrés d'une tête d'empereur romain.

Chœur et Sanctuaire.

Entrons maintenant dans le chœur, le plus vaste
qu'il y ait en France: il compte 37 mètres 06
centimètres de longueur, sur 16 mètres 60 de largeur.

L'architecture du chœur et du sanctuaire a été
défigurée par une masse de dorure, de stucage, et
de draperies de marbre. Cette fastueuse décoration fut faite au XVIIIe siècle, d'après les dessins
de Louis, architecte du duc d'Orléans. Les portes
latérales du chœur présentent les formes lourdes

de l'art moderne. Derrière l'autel, qui est en marbre bleu turquin, se trouve le groupe célèbre de l'Assomption de la Vierge (1), dans lequel les quatre figures principales, portées sur des nuages, sont admirables de pose et de fini.

Derrière le groupe de l'Assomption se trouve ce qu'on appelle communément *le Trésor*. On n'y conserve plus aujourd'hui qu'une seule relique, mais elle a une valeur religieuse au-dessus de toutes les autres : c'est le *vêtement intérieur* ou voile de la Mère de Dieu, communément appelé sainte Tunique ou *sancta Camisia*. Nous consacrerons un chapitre particulier à l'intéressante et pieuse histoire de ce palladium de la cité chartraine. Jetons maintenant un regard sur les six tableaux de marbre blanc sculptés par Bridan, et complétant le dossier des stalles. En commençant

(1) Le sculpteur Bridan, dès qu'il eut reçu les ordres du Chapitre partit pour l'Italie où, après un séjour de deux ans et demi il finit par découvrir, dans un hameau voisin de Carrare, six blocs de marbre du grain le plus pur, qui furent transportés à Marseille, puis à Rouen et enfin à Chartres. C'est là, qu'après trois années d'un travail assidu, son habile ciseau convertit cette masse (1,640 pieds cubes de marbre) en un chef-d'œuvre de sculpture (1778). — Cet admirable groupe aurait été victime du vandalisme révolutionnaire, si un membre de la société populaire ne l'eût sauvé de la destruction, en posant un bonnet rouge sur la tête de la Vierge.

à gauche à l'entrée du chœur, nous trouverons :
1° l'Adoration des bergers ; 2° la Présentation ;
3° le Concile d'Ephèse (1) ; 4° le Vœu de Louis XIII ;
5° *Mater dolorosa;* 6° l'Adoration des mages.

Après être sortis du chœur, nous arriverons, en
reprenant le transept de droite et en suivant la
nef, à la chapelle *de Vendôme,* dite des martyrs,
pratiquée entre les deux contre-forts de la cinquième travée. La voûte est formée d'une seule
croisée d'ogive, et la clef offre les armoiries du
noble comte qui la fit construire (1413) (2).

PERSPECTIVE ET PROPORTIONS.

Afin de mieux saisir l'ensemble de l'admirable
édifice dont nous venons d'examiner les principaux détails, plaçons-nous devant la porte royale
et convenons que, si plusieurs basiliques l'emportent en étendue, en élégance ou en légèreté,

(1) On sait que ce saint Concile anathématisa, en 431, l'impie
Nestorius, qui osait enseigner qu'il y a deux personnes en
Jésus-Christ, et que conséquemment Marie n'est pas Mère
de Dieu.

(2) La châsse contenant les reliques de saint *Piat,* prêtre et
martyr, et celle qui renferme les ossements de saint *Taurin,*
évêque d'Evreux, sont conservées dans cette chapelle. — On
expose la première pour demander du beau temps dans les
années pluvieuses, et la deuxième pour obtenir de la pluie
dans les années où la sécheresse compromet les récoltes.

nulle ne produit, même dans l'âme la moins im-
pressionnable, une plus profonde émotion de
recueillement... Nulle ne peut faire vibrer avec
plus de force les fibres religieuses dans le cœur
de ceux qui viennent y adorer le Dieu trois fois
saint et y vénérer la Vierge-Mère....

La cathédrale de Chartres possède une nef centrale et des bas-côtés à droite et à gauche; nous
avons vu qu'ils sont doubles autour du chœur et
du sanctuaire. Les proportions intérieures sont
de 130 mètres de longueur sur 32 de largeur; sa
hauteur dans la partie la plus élevée de la
voûte est de 37 mètres, et la longueur du transept
de 63.

La cathédrale rappelle dans sa hauteur le mystère de la Trinité; elle est divisée en trois parties.
Au-dessus des arcades est le triforium, ou galerie
composée de 41 travées et formant une élégante
ceinture qui presse le milieu de la basilique. Les
voûtes de la nef (1) et du chœur sont les plus
larges et les plus hardies de toutes les églises de
la France. 52 piliers isolés et 40 pilastres liés par
les murs, soutiennent dans toute son étendue cet

(1) Le milieu de la nef, dans sa partie inférieure, a pour ornement un labyrinthe formé de marbres de diverses couleurs.
Les Chartrains l'appellent *la lieue*; ce labyrinthe à 204 mètres
de développement depuis l'entrée jusqu'au centre.

admirable édifice. Le buffet d'orgue, adossé au côté droit de la nef, n'a de remarquable que sa montre ou façade, dans laquelle les travaux de sculpture signalent l'époque de transition du style gothique à celui de la renaissance.

VITRAUX.

Il est temps maintenant de contempler les admirables verrières qui, par leur nombre et leur parfait état de conservation, assurent à Notre-Dame de Chartres une sorte de suprématie sur toutes nos autres cathédrales (1). La peinture sur verre garnit 125 grandes fenêtres, 3 *roses* immenses, 35 *roses* moyennes et 12 petites *roses*; presque tous ces vitraux appartiennent au xiiie siècle. Nous allons décrire en abrégé les principaux sujets des trois grandes *roses* et ceux des principales fenêtres, aussi remarquables par l'éclat des peintures que par la délicatesse de leur structure.

(1) Elles proviennent toutes de dons faits à la cathédrale par la foi vive et généreuse de nos pères. La plupart de celles qui garnissent les fenêtres supérieures sont dues à la pieuse munificence de saint Louis, de saint Ferdinand, de Blanche de Castille, des chanoines de Chartres et d'un grand nombre de seigneurs français; celles de l'étage inférieur ont été données par les corporations des arts et métiers.

Remontons la nef jusqu'à l'entrée du chœur, et considérons successivement les trois magnifiques *roses* qui ornent le transept et la façade principale.

1° La *rose septentrionale*, appelée rose de France parce qu'elle a été donnée par saint Louis, représente, comme les sculptures du porche, la glorification de la Sainte Vierge : car c'était une loi chez les artistes du Moyen Age de reproduire sur verre les sujets offerts par la statuaire. Dans le médaillon central, on voit Marie debout, tenant son divin Fils dans ses bras; elle est environnée des figures de douze rois de l'Ancien Testament, de celle de douze petits prophètes et des douze bannières de France, distribuées dans les divers compartiments. Les cinq grandes fenêtres placées sous la rose en forment l'appendice. Elles offrent MARIE entourée de Melchisédech et d'Aaron, figures du sacerdoce de Jésus-Christ; de David et de Salomon, types de sa royauté. Dans la fenêtre centrale, on voit sainte Anne portant dans ses bras la petite MARIE, qui tient dans ses mains le livre de la sagesse. Au dessous, se trouve un écusson aux armes de France.

Les peintures de la grande croisée septentrionale représentent divers seigneurs et chevaliers aux écus armoriés; des princesses et de nobles dames en costume du temps. Les plus remarquables sont : Philippe, duc de Bourgogne, comte de Clermont et de Beauvoisis ; Mahaud, comtesse de Boulogne et de Dammartin ; et Jeanne de Boulogne, comtesse de Clermont.

2º La *grande rose du portail méridional* offre la *Glorification de Jésus-Christ*. Le Sauveur donne sa bénédiction au monde. Dans les compartiments qui l'environnent, on trouve les quatre animaux, symboles mystiques des quatre évangélistes ; les vingt-quatre vieillards de l'Apocalypse, des anges, et les douze bannières aux armes de Dreux.

Au-dessous de la *rose* méridionale se trouvent les colossales figures des quatre grands prophètes qui ont prédit la venue du Messie (Isaïe, Jérémie, Daniel, Ezéchiel), et celles des quatre évangélistes (saint Matthieu, saint Luc, saint Marc, saint Jean), qu'il choisit pour être les interprètes de sa morale divine. Ce serait la traduction de ce passage de St Paul : Jésus était hier, il est aujourd'hui.

L'artiste a voulu montrer par un emblême, en quelque sorte matériel, le mutuel appui que se prêtent l'ancienne et la nouvelle loi. Les autres vitraux peints de la croisée méridionale représentent Henri Clément, maréchal de France (mort en 1265), recevant l'oriflamme des mains de saint Denis ; Pierre de Dreux, surnommé Mauclerc, duc de Bretagne et comte de Richemont, et sa noble épouse la comtesse Alix.

3° La *rose occidentale* représente le jugement dernier. Au centre apparaît le Sauveur des hommes, environné des douze apôtres, placés dans douze médaillons; sous cette *rose*, se trouvent trois splendides verrières du XIIᵉ siècle. La fenêtre à droite représente l'arbre de Jessé ou tige généalogique de Jésus-Christ. La fenêtre centrale rappelle les principaux traits de la vie de Jésus jusqu'à la Passion. La troisième offre les scènes principales de la passion et de la résurrection du Sauveur.

Dans les sept grandes verrières de l'abside, MARIE est encore le point vers lequel convergent tous les autres personnages reproduits dans ces magnifiques vitraux, et qui sont pour la plupart les mêmes que nous avons vus se dresser sur les parois de la porte centrale du porche nord : nous n'en donnerons donc pas le détail ; nous signalerons les autres vitraux du chœur qui représentent les figures de saint Louis, roi de France ; de Ferdinand, roi de Castille, son illustre cousin ; d'Amaury IV, roi de Montfort, et de Simon de Montfort frère du précédent.

Il n'entre pas dans notre plan de parler de toutes les autres verrières qui ornent l'Eglise de

Chartres. Nous remarquerons seulement que celles de l'étage supérieur offrent généralement les figures des Prophètes, des Apôtres et d'un grand nombre de Saints et de Saintes, avec quelques scènes évangéliques et légendaires. Dans les vitraux de l'étage inférieur sont représentés des scènes de la Bible, des faits tirés de la vie des Saints et de l'histoire ecclésiastique (1).

Le peuple a donné le nom de Notre-Dame de la *Belle-Verrière* à l'image de la Très-Sainte Vierge figurée dans un de ces vitraux, à la droite du chœur. Elle était autrefois l'objet d'une grande vénération.

Pour finir notre pieuse et artistique pérégrination comme nous l'avons commencée, nous saluerons Marie et nous lui adresserons un regard du cœur, tandis que nos yeux fixeront sa touchante image.

Nous allons sortir de l'Eglise supérieure par le portail méridional, afin de descendre à la crypte.

(1) Les personnes qui voudraient faire une étude particulière des vitraux de la Cathédrale de Chartres et connaître plus en détail le reste du monument, feront bien de se procurer la savante description faite par M. l'abbé Bulteau. Nous n'avons rien de plus complet ni de plus exact. — (Sagnier et Bray, Paris; — Pétrot-Garnier à Chartres).

CHAPITRE IV.

DESCRIPTION DE LA CRYPTE OU ÉGLISE SOUTERRAINE
DE NOTRE-DAME DE CHARTRES.

Nous avons déjà rappelé, dans notre précis historique, l'origine antique du sanctuaire de Notre-Dame de Sous-Terre ; nous avons vu comment la statue élevée par les Druides à *la Vierge-qui doit enfanter*, fut solennellement bénite par les premiers apôtres de la Gaule centrale, saint Potentien, saint Altin et saint Eodald, et comment la grotte dans laquelle les Carnutes, encore païens, lui rendaient hommage, fut transformée en une chapelle chrétienne, et devint dans les siècles suivants un temple majestueux ; nous avons enfin redit les vicissitudes diverses qu'elle souffrit ; les efforts couronnés des plus merveilleux succès par suite desquels le grand Fulbert répara, en quelques années, les effets destructeurs de l'incendie de l'an 1020, et dota sa ville épiscopale de cette admirable église souterraine, dont les terroristes devaient défigurer les beautés artistiques, abattre et profaner les autels. Laissant donc le côté historique qui nous est déjà connu, nous commen-

cerons, sans nous y arrêter davantage, la description de ces lieux bénis que, suivant la pensée
d'un vieux chroniqueur, on ne peut parcourir sans
être « saisi d'une certaine horreur et d'une singulière dévotion ».

DIMENSION DE LA CRYPTE, SES DIVERSES ENTRÉES.

La crypte chartraine, la plus vaste et la plus
remarquable qui existe en France, compte 110
mètres de longueur totale ou 220 mètres de cir-
cuit sur une largeur moyenne de 5 à 6 mètres.
Elle s'étend sous toutes les parties des bas-côtés
et de l'abside de l'église supérieure, formant
comme une galerie souterraine dont le prolonge-
ment est seulement interrompu, du côté du nord,
par la chapelle de Notre-Dame de Sous-Terre.
Sept entrées conduisent à la Crypte ; la principale
est celle du côté du midi. Autrefois nos rois et
nos princes venant de Paris, passaient par la
Porte Guillaume, et arrivaient à la Crypte par
cette porte où se trouvent encore des traces
de fleurs de lis. Avant de pénétrer dans ce mystérieux dédale, il nous faut parcourir une galerie
construite après l'incendie de 1194 ; trois autres
semblables règnent dans toute la longueur du

transept (1). Cette galerie est obscure. mais en jetant nos regards à droite, après l'avoir parcou-rue, nous apercevons un endroit plus éclairé où se trouve un escalier conduisant sous le clocher neuf. Tournons maintenant à gauche, du côté du chevet de l'église, et à la lueur des nombreuses lampes appendues à la voûte dans toute la lon-gueur de la nef (symboles touchants de foi, de prière et d'amour), nous découvrons dans le loin-tain l'autel de Notre-Dame de Sous-Terre.

CHAPELLE DE NOTRE-DAME DE SOUS-TERRE.

Approchons-nous du sanctuaire, et après avoir adoré du plus profond de nos cœurs le Très-Saint Sacrement, élevons nos regards au-dessus de l'autel pour contempler la nouvelle statue de la Vierge-Mère qui est venue reprendre la place séculaire que l'ancienne y occupait (2). Le balda-quin fixé à la voûte et qui surmonte la statue re-présente le firmament étincelant des astres du jour et de la nuit. La peinture symbolique des murs rappelle, et les prophéties touchant la ma-

(1) A la hauteur de celle de Notre-Dame du Pilier de l'église supérieure.

(2) Voir pour plus de détails le chapitre cinquième spécia-lement consacré à *Notre-Dame de Sous-Terre.*

ternité divine, et la glorieuse réalisation des figures de l'ancienne Loi dans les mystères de la Loi nouvelle, qui se rapportent à l'incarnation du Verbe. Il serait trop long de détailler tous les pieux emblêmes qui ornent les murs et parmi lesquels figurent au premier rang les principales invocations des litanies de la Sainte Vierge ; qu'il nous soit cependant permis de dire qu'ils révèlent chez M. P. Durand (le savant archéologue qui a dirigé tous ces travaux et fourni tous ces dessins), une parfaite connaissance de la symbolique chrétienne, et un sentiment profond de son art au point de vue religieux.

Le magnifique *autel de pierre*, en style roman, donne bien l'idée de la fermeté et de la stabilité qui caractérisent la pierre angulaire de l'édifice catholique, c'est-à-dire Notre-Seigneur Jésus-Christ, sacrificateur et victime sur nos autels.

Le *carrelage* formé de carreaux en terre cuite, de couleur rouge et blanche, ressemble à une mosaïque du plus bel effet.

La *grille* qui ferme le sanctuaire, rappelle les chefs-d'œuvre de ferronnerie antique ; les *barreaux* formant son réseau, ont été ciselés au burin, et terminés à la lime comme un objet d'orfévrerie.

La *voûte* et la partie supérieure des murailles sont couvertes de peintures faites sous

Louis XIII; la plupart représentent des sujets évangéliques. Sous ces peintures on vient d'en découvrir d'autres qui remontent au XIIe siècle...

Les lampes et les cœurs, suspendus dans le sanctuaire et dans le reste de la chapelle, sont autant d'*ex-voto* offerts par la piété des serviteurs de Marie.

CHAPELLE DES SAINTS-FORTS.

La chapelle des *Saints-Forts* (1), de saint Savinien, saint Potentien et autres martyrs, que nous avons à notre droite, et dont les brillantes dorures scintillent aux pâles rayonnements du flambeau qui nous éclaire, offre à notre admiration son armoire artistement ciselée et contenant dans un reliquaire une petite partie du VOILE DE LA TRÈS-SAINTE VIERGE.

Ce reliquaire est un des objets les plus précieux de l'église de Chartres, et l'un des plus beaux triptyques du XIIIe siècle. Fait en forme d'édicule avec un pignon et toit, il est en chêne recouvert de cuivre doré et émaillé. A l'extérieur on voit sur la porte une double main divine, et les douze Apôtres assis au-dessous reçoivent sur leur tête des rayons qui s'en échappent.

(1) Forts dans la Fol... Ils périrent sous l'empereur Claude.

A l'intérieur on aperçoit sur les portes, d'un côté Jésus-Christ et de l'autre la Sainte Vierge. Au fond se trouve un crucifix moderne à la place de l'ancien qui a disparu ; de chaque côté de la croix, MARIE et saint Jean, l'Eglise et la Synagogne.

La montre vitrée appliquée sur le mur qui fait face à l'autel, renferme deux colliers de coquillages marins offerts à Notre-Dame de Chartres, à la fin du xviie siècle, par les Hurons et les Abnaquis.

On remarque aussi une belle peau de *Renne*, encadrée dans une bordure en tapisserie, sur laquelle on lit cette inscription : *Les Lapons à Notre-Dame de Chartres, 15 août 1866.*

Ne quittons pas la chapelle du Pèlerinage sans demander à Marie quelque grâce particulière, car le cœur de cette bonne Mère est une source de miséricorde et d'amour à laquelle nous pouvons toujours puiser, sans craindre de jamais la tarir,....,

L'étranger qui n'a jamais visité ce saint lieu croit que la Crypte ne s'étend pas au delà, parce qu'une cloison ne permet pas aux regards de plonger plus avant. Cette cloison n'existait pas autrefois ; elle a été probablement construite au xviie siècle, pour faciliter la décoration de la chapelle de

Notre-Dame. C'est sans doute à la même époque qu'on a pratiqué le couloir qui fait communiquer la chapelle du Pèlerinage avec le reste de la Crypte.

A gauche de la chapelle de Notre-Dame, un large escalier conduit au dehors de l'église, près de l'évêché. C'était autrefois une des entrées principales de la Crypte. A droite de l'escalier, plusieurs tables de marbre, fixées à la muraille, nous disent que MARIE aime à exaucer les prières qu'on lui adresse dans son sanctuaire privilégié.

Ouvrons la porte qui est au bas de l'escalier, pénétrons dans le couloir, et allons visiter les autres chapelles rendues au culte depuis une douzaine d'années.

Outre les restes précieux, malheureusement trop rares, que l'antiquité nous a laissés, nous aurons surtout à remarquer les autels de forme à la fois élégante et sévère, la savante ornementation, et la marqueterie si habilement variée du carrelage de ces pieux sanctuaires.

La décoration des voûtes est achevée. Les étoiles d'or, les roses et les lis se multiplient sous les arceaux en gracieux dessins, qui vont se répéter d'une extrémité de la Crypte à l'autre. Les pilastres de la nef sont décorés. Des peintures murales ont été multipliées : d'un côté se trouvent tous les évêques de Chartres honorés comme saints; d'un autre côté ce sont les autres saints personnages appartenant au diocèse. En face sont des scènes historiques relatives au culte de la Très-Sainte Vierge à Chartres.

CHAPELLES DU POURTOUR DE LA CRYPTE.

1. *Chapelle de sainte Véronique*, convertie en sacristie dès 1620.

Vis-à-vis cette chapelle se trouve l'entrée d'un grand caveau, fermée par une élégante porte de fer d'un charmant dessin et d'un travail exquis (1).

La ville de Chartres n'offre pas d'endroit plus intéressant à visiter. On y voit d'énormes piliers du xᵉ siècle et des restes de constructions qui remontent à l'époque mérovingienne.

Ce caveau est l'ancien *martyrium* de l'église de Chartres. — On nommait ainsi le lieu placé sous l'autel principal et où l'on conservait les reliques des martyrs. — Plus tard, le caveau servit à mettre en sûreté, durant les guerres, les richesses du trésor de la Cathédrale. On y descendait du sanctuaire par un escalier qui existe encore. A

(1) Cette porte et celle de l'armoire aux reliques, ainsi que les grilles des chapelles de Notre-Dame de Sous-Terre et de Notre-Dame du Pilier, ont été faites par Letellier, serrurier à Chartres, d'après les dessins de M. Paul Durand.

l'entrée du caveau, sur la droite, est une basse
fosse dans laquelle on cachait la sainte Châsse,
qui renferme la Tunique de la Mère de Dieu.

Le caveau vient d'être transformé en une chapelle dédiée à saint Lubin, qui de simple berger
fut élevé au siège de Chartres à cause de ses
éminentes vertus, et dont le culte a toujours été
si populaire dans toute la contrée.

Un gracieux autel s'élève entre les deux piliers
carrés qui occupent le milieu du caveau.

La niche pratiquée derrière l'autel sert à expo-
ser, le jour de la fête, une relique insigne de saint
Lubin, due à la pieuse munificence de Mgr l'Evêque de Blois. La possession de ce trésor nous
dédommage, du moins en partie, de la perte immense que nous avons faite : l'église de Chartres
possédait autrefois le chef de son vénéré pontife,
mais il lui a été ravi avec presque toutes ses
richesses.

Ce petit sanctuaire a été restauré avec les of-
frandes que les enfants des écoles des campagnes
se sont empressés de recueillir.

2. *Chapelle de saint Joseph*. Elle était autrefois
consacrée à saint Christophe, et l'on y remarque
des peintures murales du xiie siècle. La confrérie
de Notre-Dame de Chartres s'est chargée de la
restauration de ce beau sanctuaire.

3. *Chapelle de saint Fulbert*, évêque de Chartres. L'autel est un don précieux de Mgr Pie, évêque de Poitiers. On croit que saint Fulbert est né dans le Poitou.

4. *Chapelle de saint Jean-Baptiste :* c'est la chapelle absidale de la Crypte. Saint Jean-Baptiste est le second patron de l'église : voilà pourquoi son sanctuaire est plus riche et plus orné que tous les autres. Les peintures qui le décorent sont symboliques, et rappellent les principaux traits du saint Précurseur.

Pour sa forme et son ornementation, l'autel est un modèle de bon goût et de noble simplicité.

Vis-à-vis la chapelle on a placé trois statues de pierre : celle du milieu représente la Sainte-Vierge, la seconde saint Jean-Baptiste, et la troisième saint Fulbert.

5. *Chapelle de saint Yves*, évêque de Chartres. Mgr Regnault a voulu la restaurer à ses frais, pour honorer la mémoire d'un de ses plus illustres prédécesseurs. Sur une des fenêtres on voit figurer les armes de Sa Sainteté Pie IX, et sur l'autre celles du vénérable prélat. C'est encore Mgr Regnault qui a fait exécuter plusieurs peintures murales : au fond, les images de saint Louis, et Eugène, ses saints patrons ; à l'entrée les neuf chœurs des Anges à gauche, les cinq Vierges sages

à droite, en souvenir de deux autels fondés autrefois par saint Louis dans la haute église, l'un en
l'honneur des saints Anges et l'autre en l'honneur
des saintes Vierges.

6. *Chapelle de sainte Anne*. Sainte Anne devait
avoir une place d'honneur dans la maison privi-
légiée de son auguste Fille. D'ailleurs l'église de
Chartres possède, depuis six siècles, sa plus insigne relique, son chef vénéré, sur lequel les chanoines prêtaient autrefois serment au jour de
leur installation.

L'association des *Mères chrétiennes* de la ville
de Chartres s'est chargée de la restauration de
cette chapelle.

7. *Chapelle de sainte Madeleine*. Elle a été restaurée par le tiers-ordre de Saint-François, établi
à Chartres depuis plusieurs années.

Entre cette chapelle et la suivante se trouve
une des entrées de la Crypte. La porte, qui date
du XIIe siècle, est décorée de colonnes et d'archi-
voltes.

Au delà, sur la gauche, se trouve un monument
gallo-romain ; c'est une énorme pierre sur laquelle
on voit un personnage grossièrement sculpté,
revêtu de la robe et du manteau.

8. *Chapelle de saint Martin*. On y a réuni et
mis en ordre les parties les mieux conservées de

l'ancien jubé; c'est, en fait de sculpture, ce que le
xiii⁰ siècle peut offrir de plus délicieux.

Nous n'avons pas besoin de faire remarquer
l'élégante grille de bois qui ferme l'entrée.

La restauration de cette chapelle est un ex-voto
offert à Notre-Dame de Chartres par une famille
chrétienne, au nom de la conférence de Saint-
Vincent de Paul.

Au fond de ce petit sanctuaire se trouve actuellement le tombeau de saint Calétric, évêque de
Chartres, qui vivait au milieu du vi⁰ siècle. Bien
qu'il ne renferme plus les cendres du saint pontife,
c'est un monument précieux qui doit être cher à
la piété des Chartrains. Sur le couvercle on lit
cette inscription :

✝ HIC REQUIESCIT CHALETRICUS EPS CUJUS DULCIS
MEMORIA PRIDIE NONAS SEPTEMBRIS VITAM TRANS-
PORTAVIT IN CŒLIS; *ici repose l'évêque Calétric,
dont la mémoire est douce: il est allé vivre dans
les cieux le jour d'avant les nones de septembre.*

Ce tombeau n'a été transféré que depuis peu
dans la Crypte, car il est bon de remarquer en
passant qu'il n'y a jamais eu de monument funèbre dans l'église de Chartres : c'est ce que nous
rappelle une inscription gravée sur une table de
marbre placée en cet endroit.

9. A droite, *la chapelle de saint Clément et de*

saint Denis. On y voit des restes curieux de peintures à fresque du xɪɪᵉ siècle.

10. A gauche, *la chapelle de saint Nicolas.* La grille en bois, l'autel, le vitrail et les peintures murales ont été exécutées d'après les dessins de M. Paul Durand. Le tout est d'un bon goût achevé. On y retrouve le symbolisme religieux qui est le cachet spécial de ce savant archéologue.

Les chapelles de la Crypte sont donc au nombre de douze, sans comprendre celle de saint Lubin ou du Martyrium.

Une belle porte du xvɪɪᵉ siècle ferme ici la galerie pour faciliter la surveillance de l'église.

Au-delà, sur la gauche, on trouve une piscine du xɪɪᵉ siècle surmontée d'une fresque de l'époque, qui représente la naissance de Jésus-Christ. Plus loin, nous voyons à notre droite un remarquable baptistère du xɪɪᵉ siècle; enfin nous arrivons à l'escalier qui conduit de la Crypte dans l'intérieur de la Cathédrale: l'autre escalier latéral a la même destination. Ces deux escaliers permettent de faire le tour de la Crypte et de rentrer dans l'Eglise supérieure sans revenir sur ses pas. Mais comme ils ne sont pas ordinairement à la disposition du public, et que le *terre-plein*, qui tient la place de la principale nef de la Cathédrale, nous empêcherait de regagner l'autre côté, force nous sera de faire de nouveau le tour de l'abside; nous profiterons des courts moments qui nous restent à demeurer ensemble pour entrer dans quelques détails archéologiques.

Parmi les chapelles dont nous avons admiré l'artistique décoration, trois seulement datent de la construction même des Cryptes; on les reconnaît à leurs voûtes construites en berceau. Ce sont les chapelles de sainte Anne, de saint Jean et de saint Joseph. Les autres portent le cachet du XIIIe siècle par la forme ogivale des fenêtres et des nervures qui se croisent aux voûtes. Les clefs sont ornées de feuilles végétales. Le reste de la Crypte est voûté en plein cintre. En rentrant faisons une deuxième station devant Notre-Dame de Sous-Terre.

Disons-lui avec ferveur cette touchante invocation inspirée pas son titre séculaire: *O Vierge immaculée, qui devez enfanter à la grâce et à la gloire tous les élus de Dieu, je vous conjure de me recevoir dans votre sein maternel et de me former en vous pour que je ressuscite à Jésus!*

Maintenant, jetons, en passant, un regard sur les antiques peintures murales qui couvrent les parois de la chapelle et, avant de sortir de la Crypte, désignons près de l'escalier qui est au fond, l'emplacement des cellules où demeuraient autrefois les *Sœurs de Sous-Terre* pour la gardé *des saints lieux.*

L'heure est écoulée, notre programme est rempli ; néanmoins il nous reste encore à fournir à la piété des pèlerins un aliment pendant le reste de cette journée, qui, nous n'en doutons pas, leur laissera de doux et d'impérissables souvenirs. C'est ce que nous essaierons de faire dans les chapitres suivants.

—

CHAPITRE V.

PÈLERINAGE DE NOTRE-DAME DE SOUS-TERRE.

Dieu est présent partout, sa puissance est infinie comme tous ses autres attributs : elle ne saurait donc être circonscrite dans le cercle étroit des temps et des lieux. Néanmoins il est constant que, par un effet de sa miséricorde et de son amour, il daigne manifester son souverain pouvoir avec plus d'éclat dans certaines contrées, dans certains sanctuaires, devant certaines images, et donner à la dévotion des peuples la plus irréfragable de toutes les sanctions, celle des miracles. Bien loin donc de scruter orgueilleusement les desseins de là Providence, humilions notre vaine sagesse, et au lieu de discuter au divin Maître de la nature le droit de déroger aux lois générales qu'il lui a tracées, reconnaissons son infinité, avouons notre impuissance, recourons avec confiance à sa bonté, et choisissons pour lui présenter les vœux et les besoins de notre âme, *Celle* qu'un cœur d'homme n'invoqua jamais en vain, *Celle* qui, sous le doux titre de la *bonne Nostre-Dame*, n'a pas cessé pendant plus de dix-huit siècles de manifester, par d'étonnants prodiges la puissance d'intercession qu'elle a reçue de son divin Fils.

Cependant nous le savons, et nous ne pouvons y penser qu'avec larmes, il vint un temps où furent interrompus les chants sacrés dont naguère encore retentissait la Crypte chartraine. L'autel antique fut renversé, sa statue mutilée; et comme si les impies eussent conservé jusque dans leur rage sacrilège un reste de foi, ils en livrèrent les débris aux flammes (1), craignant qu'une vertu surnaturelle n'y restât encore attachée.

Après les jours de terreur révolutionnaire, l'Église cathédrale fut rendue au culte, et les habitants de la cité chartraine, si dévots à MARIE, se montrèrent fidèles à l'invoquer et à lui rendre hommage; mais si la Vierge du Pilier était tou-

(1) Sur la place de la Cathédrale.

jours pieusement visitée, la chapelle de *Sous-Terre* restait déserte. Le nombre assez restreint des pèlerins étrangers prouvait, hélas ! que, semblable à une source amoindrie, l'Église de Notre-Dame n'offrait plus à leurs cœurs avec la même abondance, ce rafraîchissement céleste dont ils étaient inondés dans l'antique sanctuaire, aux pieds de la statue prophétique de la *Vierge aux Miracles !* C'est qu'on peut dire qu'à Chartres le lieu principal c'est l'église de *Sous-Terre*, le temple supérieur n'est que l'accessoire, et, selon la pensée de l'un de ses plus éloquents panégyristes (Monseigneur de Poitiers), il n'a été construit avec tant de magnificence que pour décorer la grotte primitive des Druides !

Mais ouvrons nos cœurs à l'espérance : les jours de deuil pour l'Église de Chartres sont finis, l'antique sanctuaire de Marie est rendu au culte, la statue de la Vierge-Mère domine son autel relevé et bénit ; la Crypte entière est sortie de ses ruines, une pléiade glorieuse de saints, replacés dans les chapelles antiques lui servent de couronnement ; le flot des pèlerins a repris son cours, et les insignes faveurs qu'ils reçoivent dans ces lieux vénérés, se traduisent par de pieux *ex-voto*, qui brillent à la voûte de la chapelle comme les étoiles scintillant au firmament. Que notre foi

donc se ranime à la pensée des merveilles qui se
sont accomplies dans cette enceinte sacrée où
vinrent s'agenouiller, à partir du xıe siècle (1),
la plupart de nos rois; où tant de malades, d'in-
firmes, furent rendus à la santé; où la France fut
solennellement consacrée à Marie par le fils

1) Charlemagne se montra généreux envers Notre-Dame
de Chartres. La dévotion de Charles-le-Chauve s'est mani-
festée par le don le plus précieux, celui de la *sainte Tunique
de Marie*. Parmi les illustres pèlerins de Notre-Dame de
Chartres, nous citerons en particulier le bon roi Robert, Philippe II, qui vint courber devant l'autel de Marie ce front auguste que devaient bientôt orner les lauriers de Bouvines;
Louis IX, Philippe-le-Bel. vainqueur des Flamands à Mons-
en-Puelle, par suite d'un vœu fait à Notre-Dame; Philippe de
Valois, le bon roi Jean, le sage Charles V, Louis XII, Henri II,
Henri III qui s'y rendit dix-huit fois, Henri IV qui voulut y
être sacré; plusieurs reines, trois papes: Pascal II, Innocent
II, Alexandre III; saint Anselme, saint Thomas de Cantor-
béry qui vint se préparer à la mort en priant la Reine des
martyrs; Bernard, le saint ami de l'évêque Geoffroy, le con-
seiller des papes, l'oracle de l'Église, le panégyriste par excellence de MARIE, prêcha dans la cathédrale, à l'occasion de la
deuxième Croisade, et vint à Chartres inspirer son sublime
génie en invoquant Notre-Dame de Sous-Terre; saint-Ferdi-
nand d'Espagne, le vainqueur des Maures; le pieux Louis,
comte de Vendôme; Bayard, le chevalier sans peur et sans
reproche, et une foule d'autres personnages marquants, tinrent
à honneur de déposer aux pieds de la bonne Dame de Chartres
le tribut de leurs hommages et l'expression de leur amour.

d'Henri-le-Grand ; où la pieuse Anne d'Autriche,
(priant dans son cœur comme autrefois la mère
de Samuel), obtint la grâce qu'elle sollicitait avec
tant d'ardeur, de donner un fleuron royal à la
couronne des lys ; où des saints tels que *François
de Sales, Vincent de Paul et Joseph Labre,* (ce
glorieux pauvre de Jésus-Christ), des hommes tels
que *les Bourdoise, les Bernard, les Olier,* vinrent
ranimer leur ferveur et solliciter pour leurs
pieux desseins, les bénédictions de la Reine du
Ciel !

Ah ! qu'il nous soit ici permis d'appliquer au
recours à Marie cette dénomination, que les
Druides donnaient fastueusement à leur plante
sacrée : *Remède à tous les maux,* et, dans l'élan
d'une pieuse confiance, demandons-lui de fortifier
nos faiblesses, d'adoucir nos souffrances, de calmer
nos douleurs, et de sécher nos larmes... Conjurons-
la aussi, avant de nous éloigner de ce séjour du
recueillement et de la prière, de bénir le pieux
pontife dont le nom, gravé par la reconnaissance
dans le cœur de tous les pèlerins de Notre-Dame,
sera pour toujours associé à celui de l'immortel
fondateur de ce sanctuaire vénéré.

CHAPITRE VI.

LA SAINTE TUNIQUÉ DE LA TRÈS-SAINTE VIERGE.

La dévotion de la ville de Chartres envers la Très-Sainte Vierge, repose sur un double principe ; elle roule, pour ainsi dire, sur un double pivot, la statue druidique, et la TUNIQUE DE LA MÈRE DE DIEU qui est révérée dans la Cathédrale depuis près de mille ans. Envoyée, dit-on, par l'impératrice Irène à Charlemagne, cette relique insigne fut offerte, vers l'an 876, par Charles le Chauve (1), petit-fils de ce grand prince, à l'église de Chartres, comme étant le centre du culte de vénération et d'amour rendu à Marie dans toute l'étendue de son royaume.

(1) L'histoire de cette translation est représentée dans l'un des vitraux de la cathédrale. L'historien Souchet donne pour raison de cet inestimable présent, que ce prince était très-religieux et qu'il faisait beaucoup d'état des reliques des Saints. Le vêtement de Marie avait été, par suite d'une pieuse fraude, transporté à Constantinople dans le vᵉ siècle, sous le règne de Léon-le-Grand. Ce prince fit élever, pour l'y déposer, un temple magnifique dans le faubourg des Blaquernes, le regardant comme un palladium pour sa ville impériale, le rempart le plus inexpugnable du siège de son empire, qui devait le défendre à tout jamais contre les ennemis du dehors *Veluti invictum perpetuumque urbis præsidium*. (Nicephor. Calix. Hist. eccl., lib. xv, cap. 24.)

Le voile ou vêtement intérieur de la Très-Sainte Vierge reçut de la voix populaire le titre de Sainte Tunique ou de *Sancta Camisia :* de là la forme qui lui est donnée sur les armes du chapitre. C'est qu'en effet ce voile en tenait lieu, jusqu'à un certain point, chez les femmes de la Judée, puisqu'après avoir couvert la tête il se croisait sur la poitrine et enveloppait aussi le corps à l'intérieur, sous le manteau dont les juives avaient coutume de se couvrir. Le tissu de ce voile est d'une étoffe de soie écrue; Un savant en renom, consulté par Monseigneur de Lubersac, répondit à la seule inspection, sans connaissance préalable de l'objet : *C'est un voile à l'usage des femmes dans les pays orientaux: il ne doit pas avoir une antiquité moindre de deux mille ans.* (D'après une lettre du 7 septembre 1800). Il ne faut pas s'étonner que l'humble Vierge de Nazareth se soit servie d'une étoffe précieuse chez les Hébreux : car, si modeste que fut la condition de Marie sur la terre, la fille des rois de Juda ne devait pas être dans un dénuement absolu. Elle pouvait très-bien posséder un de ces vêtements qui se transmettaient de génération en génération dans toutes les familles anciennes, lors même qu'elles étaient déchues de leur première splendeur. Quant aux preuves de la tradition, constante et publique, depuis la donation faite par Charles le Chauve, elle est attestée par les divers procès-verbaux et la succession des faits relatés dans les histoires de l'église et de la ville de Chartres.

Le respect pour cette précieuse relique a toujours été si profondément gravé dans le cœur des habitants de l'antique cité, que les révolutionnaires eux-mêmes (dont la cupidité était excitée par la richesse de la châsse qui la renfermait), décidèrent, lorsqu'ils spolièrent le *Trésor*, qu'elle ne serait ouverte que par des ecclésiastiques. Le Saint Vêtement, long alors de quatre aunes et demie (on le morcela à cette époque en différentes parties), fut religieusement retiré de son coffre doré. Il était enveloppé d'un voile de gaze que l'on conserve encore, et dont les ornements byzantins portent à croire qu'il appartenait à l'Impératrice Irène. Les deux portions principales de la relique sainte, après être quelque temps restée entre les mains de ceux qui avaient ordonné la destruction de la châsse, passèrent entre celles de personnes pieuses qui les rendirent fidèlement à Monseigneur de Lubersac, après le retour en France de ce généreux confesseur de la foi. Une enquête constata l'identité de la relique, qui fut renfermée dans un coffret de vermeil (1820), sur lequel Monseigneur de Latil, nommé en 1821 à l'évêché de

Chartres nouvellement rétabli, fit placer deux
cœurs en or donnés par la fille du roi *martyr*.. Ce
coffret fut ensuite placé dans une châsse en cuivre
doré représentant un édifice gothique. Mais le 9
juillet 1849, sous l'épiscopat de Monseigneur
Clausel de Montals, le *saint Vêtement* fut de nouveau tiré du coffre massif, qui en dérobait la vue
aux fidèles, pour être placé dans un petit coffret
de bois de cèdre pourvu de six ouvertures; ce
coffret fut ensuite déposé dans un autre en cuivre
ciselé et doré en forme de reliquaire du Moyen
Age, dû à la munificence de mademoiselle de Byss.

La sainte relique contenue dans cette châsse
est composée de deux morceaux, dont l'un est long
de deux mètres douze centimètres sur quarante
centimètres de largeur, et l'autre long de vingt-
cinq centimètres sur vingt-quatre de large (1). Elle
forme plusieurs plis gradués, et se trouve assu-
jettie par six cordons d'or liés deux à deux et
terminés par deux glands également d'or. L'en-
veloppe de gaze, pliée par dessous, laisse apercevoir
une partie de ses franges et de ses ornements byzantins. Le coussin sur lequel est déposé le saint
Vêtement est recouvert de drap d'or. Cette heu-

(1) Une autre partie moins considérable est renfermée dans
un reliquaire déposé à la Crypte dans la chapelle des Saints-
Forts.

reuse disposition permet aux fidèles admis à
vénérer la précieuse relique, de la voir parfaite-
tement à travers les ouvertures quadrifoliées et
garnies de verres, qu'on a ménagées dans les
parois antérieures et postérieures de la châsse.

Nous ne terminerons pas cet historique du saint
Vêtement, l'une des gloires de notre Cathédrale
et sa plus précieuse richesse, sans relater quelques-
uns des faits qui, mieux encore que toutes les
attestations écrites, prouvent qu'il a véritablement
appartenu à la Très-Sainte Vierge : car Dieu ne
mettra jamais le *Miracle* au service de l'erreur,
il a été et sera toujours l'apanage exclusif de la
vérité (1).

L'an 911, moins de cinquante ans après le don
fait à l'Église de Chartres, par Charles le Chauve,
de la Tunique de la Mère du Sauveur, cette ville
fut assiégée par Rollon, le plus illustre de tous
les chefs de ces hordes normandes qui envahirent
la France aux IX° et X° siècles. Les habitants de
l'antique Autricum, pressés par cet ennemi for-
midable appelèrent à leur secours Richard le Jus-
ticier duc de Bourgogne. Celui-ci accourut à leur
appel et fit contre les assiégeants une vigoureuse
sortie; néanmoins les Normands conservaient

(1) Voir l'histoire de Notre-Dame de Chartres par un des
rédacteurs *de la Voix de Notre-Dame.*

l'avantage, lorsque l'évêque Gausselin, divine-
ment inspiré, va se placer sur le haut de la porte
neuve, exposant aux regards des païens la tunique
intérieure de Notre-Dame. A cette vue, Rollon
pâlit et chancelle; ses fiers compagnons, subite-
ment saisis d'une sainte frayeur, cessent d'attaquer
les Chartrains, et, sur l'ordre de leur chef se
retirent en bon ordre, montrant par là qu'ils
cédaient plutôt à un ascendant surnaturel qu'à la
crainte des hommes. Ce qui a fait dire à un auteur
presque contemporain ces remarquables paroles:
« Prince belliqueux, ne rougis pas de ta défaite;
ce ne sont ni les Français ni les Bourguignons qui
te mettent en fuite, mais la tunique de la Mère de
Dieu. »

Trois cent cinquante ans environ après ce mémorable événement, les Anglais, ces ennemis non
moins redoutables que les Normands, s'avançaient
sous la conduite d'Edouard III vers la capitale du
royaume; mais Chartres, la cité fidèle, ayant
fermé ses portes au monarque anglais, celui-ci
résolut d'en former le siége avant de tourner ses
armes contre Paris, qu'il espérait facilement
réduire en l'absence de l'infortuné Jean le Bon,
que l'invincible Prince Noir avait fait prisonnier
dans les champs de Poitiers. Vainement le dauphin
Charles s'efforçait-il de proposer à Edouard une

paix si nécessaire à la France épuisée ; vainement
le royal captif, par son courage à porter ses fers,
excitait-il les généreuses sympathies des ennemis ;
le monarque anglais rejetait tout accommodement
et roulait dans son cœur des pensées de destruction et de vengeance. Dans cette extrémité, les
pieux habitants de Chartres tournent leurs regards
vers leur bien-aimée Souveraine, la conjurant de
rendre le trône des lys à son roi, et la paix à son
royaume. Tandis qu'ils veillaient et priaient dans
le jeûne et dans les larmes, un épouvantable orage
éclate tout à coup, la violence des vents arrache
les tentes de l'ennemi, une grêle d'une grosseur
prodigieuse écrase hommes et chevaux, une pluie
diluvienne succède à la grêle, et des torrents im-
pétueux emportent tout ce qu'ils rencontrent.
Edouard épouvanté croit entendre dans les rugis-
sements de la tempête la voix du ciel qui lui reproche sa cruelle ténacité. Alors se tournant vers
le temple de Marie, dont il aperçoit les tours
majestueuses, il tombe à genoux au milieu des
restes mutilés, et des cadavres des siens, et
promet solennellement à la Très-Sainte Vierge
d'épargner sa ville de prédilection et de faire
cesser la guerre, si elle le soustrait à ce péril
extrême. A peine a-t-il formé son vœu que l'ou-
ragan s'apaise, la foudre cesse de gronder, les

nuages se dissipent, le temps redevient serein. La paix est signée à Brétigny quelques jours après (8 mai 1360), et Chartres voit le monarque entrer dans ses murs non plus en ennemi, mais en dévot pèlerin.

Laissons maintenant les siècles écoulés et terminons nos citations, que nous sommes forcés d'abréger, par le récit d'un fait d'autant plus émouvant qu'il est contemporain, et dont plusieurs d'entre nous ont été les heureux témoins.

C'était en 1832 : le choléra, cet épouvantable fléau que l'Asie avait vomi sur l'Europe, sévissait d'une manière terrible dans notre belle patrie, et Chartres comptait déjà parmi ses habitants un grand nombre de victimes (1), quand l'évêque de cette ville (Mgr Clausel de Montals), ordonna que la sainte châsse serait processionnellement portée dans toute la ville, déclarant qu'il voulait présider lui-même cette émouvante cérémonie. En conséquence, le dimanche 26 août, les principales rues de la cité se trouvèrent sillonnées par un flot de peuple, suivant dans l'attitude du recueillement et de la prière, la relique vénérée, sauvegarde, égide tutélaire de la cité carnute. Bien loin que cette

(1) Cent soixante personnes avaient succombé à la violence de l'épidémie, et la veille de la procession on avait compté dix-neuf décès.

agglomération produisît les tristes effets que la seule prudence humaine aurait pu en attendre, le choléra cessa aussitôt, et tous ceux qui en avaient déjà reçu les pernicieuses atteintes entrèrent en convalescence. Marie avait tout purifié sur son passage; au lieu de l'infection et de la mort, elle avait laissé après elle la santé et la vie (1).....

Afin de perpétuer le souvenir de la miraculeuse intervention de leur patronne bien-aimée, les habitants de la ville firent frapper une grande médaille, dont voici la description:

Le fond représente l'entrée de la cathédrale. Au bas un cholérique portant une croix sur sa poitrine; et levant ses mains vers la Sainte-Vierge.

A gauche la souriante Marie implore, pour sa ville de Chartres, le Père éternel qui apparaît porté sur des nuages: il tourne ses regards vers *Marie* prosternée à ses pieds, et de sa main gauche, il arrête le bras de l'ange exterminateur *personnification du choléra.*

Comme exergue on lit ces mots de saint Bernard : *In periculis, in angustiis, Mariam cogita, Mariam invoca:* — (Dans vos dangers, dans vos angoisses, priez Marie, invoquez Marie).

Au bas se lit l'inscription suivante: *Voté à Notre-Dame de Chartres par les habitants de la*

(1) Mandement de Mgr de Montals.

ville, en reconnaissance de la cessation du choléra-morbus, qui eut lieu à la suite de la procession solennelle célébrée pour obtenir sa puissante intercession le dimanche 26 août 1832 (1).

Mgr de Montals voulut, en outre, qu'un monument liturgique transmit à la postérité la mémoire
de cette miraculeuse délivrance. Il ordonna donc
que chaque année, le dimanche le plus rapproché
du 26 août, on ferait dans toutes les églises de la
ville, une procession en l'honneur de la Très-Sainte
Vierge, pour rendre grâce à Dieu de la cessation
du Choléra-Morbus, en 1832.

Les nombreux et précieux *ex-voto,* autrefois
déposés dans le trésor de la Cathédrale, attestaient
de la reconnaissance provoquée par les bienfaits
de la Très-Sainte Vierge. Hélas! ils étaient d'une
trop grande valeur pour échapper à la rapacité
des vandales modernes. Nous ne parlerons donc
ici que pour mémoire, du bâton de pèlerin de Jean
le Bon, virolé d'argent et surmonté d'une fleur de
lys en vermeil; de la Vierge d'or et d'un reliquaire
du même métal offerts par Jean, duc de Berry;
de la croix d'émeraudes enrichie de rubis, de
perles et de turquoises, et d'une Vierge d'ambre
et or, données par Henri III; d'une magnifique

(1) Cette médaille est fréquemment exposée devant la statue
de Notre-Dame du Pilier.

châsse à compartiments destinée à renfermer des parcelles de la vraie Croix et d'autres saintes reliques, dont Henri IV enrichit le trésor de Notre-Dame de Chartres le 28 février 1594, jour de son sacre; de la Vierge bleue, ainsi nommée de son manteau émaillé d'azur; de plusieurs reliquaires, calices, burettes, pierres précieuses, dus à la pieuse libéralité des pèlerins. Toutes ces richesses et tant d'autres dont le détail nous échappe (1), étaient placés en trois différents endroits du chœur. La reine Marie de Médécis fit élever, au-dessus du principal de ces trésors, un dôme, d'ordre corinthien, soutenu par quatre colonnes cannelées posées sur des piédestaux dont les panneaux représentaient des prophètes et des sibylles.

Parmi les objets précieux qui nous restent, nous mentionnerons une nacelle de nacre de perles, ornée d'ouvrage d'orfévrerie sur un pied de vermeil, donnée par Mgr *Milo d'Illiers*, évêque

---

(1) Nous n'avons parlé ni de l'armure de Philippe-le-Bel, ni du pourpoint du jeune Charles son fils, offerts à Notre-Dame après la bataille de Mons-en-Puelle, parce qu'ils sont conservés dans le musée chartrain. — Philippe de Valois, victorieux à Cassel, offrit également à Marie ses armes. Toutes ces différentes armures étaient autrefois suspendues devant Notre-Dame du Pilier le jour anniversaire de ces glorieux évènements.

de Luçon, ancien doyen de Chartres, et servant à conserver des parfums et de l'encens ; nous devons signaler aussi la magnifique robe offerte par M. Olier, le dévot par excellence à Notre-Dame de Chartres. Mais ce qui sera toujours le principal trésor de la Cathédrale de Chartres, c'est la *sainte Tunique* de *Notre-Dame*, et celui-là, les continuelles marques de la protection de Marie nous autorisent à le croire, ne lui sera jamais enlevé.

CHAPITRE VII.

LA VIERGE NOIRE OU LA VIERGE DU PILIER.

Le premier des deux titres donnés à cette vénérable image vient de la couleur du bois dont elle est formée (1) ; le second, de la place qu'elle occupa de 1520 à 1763 sur une colonne élevée sous les arcades du jubé ; du pilier auquel elle fut adossée

(1) Selon ce passage du cantique des Cantiques: *Nigra sum sed formosa*, Je suis noire mais belle. Cette statue est fort remarquable, le vêtement qui la couvre empêche d'en apercevoir le travail et de juger du mérite de sa composition. La première mention qui en est faite remonte à l'an 1497. L'évêque constitutionnel Bonnet la fit enlever de sa colonne en 1791, pour y placer la Vierge de Sous-Terre, et la relégua dans un coin de la Crypte.

lors de la destruction du magnifique ambon sa première demeure, et enfin de la seconde colonne sur laquelle elle fut élevée en 1806 par l'abbé Maillard, curé de la Cathédrale. Celui-ci l'avait retirée de la Crypte où elle gisait couchée sans honneur sur la terre nue, depuis les jours de si néfaste mémoire pour l'Eglise et pour notre chère patrie.

La Vierge noire, à partir de la fin du xve siècle, fut en grande vénération dans la Cathédrale de Chartres; et si les pèlerins et les dévots serviteurs de Marie portaient leurs premiers hommages à Notre-Dame de Sous-Terre, ils ne quittaient pas l'Eglise supérieure sans avoir déposé aux pieds de Notre-Dame du Pilier le tribut de leur reconnaissance et de leurs prières. « L'affluence est si commune et si grande, dit le naïf et bon Rouillard, que la colonne de pierre qui soutient la dite image se voit cavée des seuls baisers des personnes dévotes et catholiques (1) ». Ces pieuses manifestations d'une foi vive et tendre n'ont pas cessé un seul jour de se renouveler, à partir de l'heureux moment où la miraculeuse statue a été rendue à la vénération des fidèles (2). Neuf lampes ardentes

(1) Parthénie, page 185.

(2) Mgr de Montals avait fait vœu de passer tous les samedis une demi-heure aux pieds de la Vierge Noire; fidèle à sa pro-

et sept lustres resplendissants forment une brillante couronne dans son riche sanctuaire (1). Le couronnement solennel de Notre-Dame du Pilier au nom de Sa Sainteté Pie IX, est venu encore augmenter la pieuse vénération qu'elle excitait déjà dans le cœur des fidèles. Qu'il nous soit permis de donner quelques détails sur cette remarquable cérémonie.

Dès le matin du jour fixé (2) par l'heureux pontife pour accomplir cet acte solennel, toutes les cloches de l'antique basilique convièrent les fidèles par leurs joyeuses volées, à ouvrir leur cœur à l'allégresse et au bonheur. Les murs de la Cathédrale étaient couverts de festons, de guirlandes, de draperies ; des guidons et des oriflammes rappelaient les principaux souvenirs puisés dans les fastes de l'Église. La *Vierge Noire* avait été transportée sur un trône placé devant la grille du

messe, le samedi 3 janvier 1857, veille de sa mort, ce pontife vénérable était encore prosterné devant la sainte Image.

(1) Une de ces lampes a été fondée par Mgr Pie, évêque de Poitiers, à son départ de Chartres. Cet illustre pontife honoré de la pourpre romaine en 1879, a voulu mettre dans ses armes l'image de Notre-Dame du Pilier avec ces trois mots : *Tuus sum ego,* Je suis à vous.

Une dixième lampe plus petite que les autres a été enlevée d'un oratoire de Sébastopol, et offerte à Notre-Dame par un officier le 8 septembre 1855.

(2) Le 31 mai 1855.

chœur, et surmonté d'un immense baldaquin de velours aux couleurs de MARIE, rehaussé d'hermines et de crépines retombant en gracieux festons le long des quatre piliers qui soutiennent le transept. Mais ce qui plus encore que cette belle décoration faisait le brillant de la fête, c'était la présence d'un cardinal, de l'archevêque métropolitain et de plusieurs évêques auxquels s'était joint Monseigneur de Poitiers, qui s'honore d'avoir grandi à l'ombre du sanctuaire de *Marie*, comme le sanctuaire de *Marie* met au rang de ses gloires de le compter pour l'un de ses enfants.

Une foule immense assiégeait avant l'aube les abords du temple saint, et, dès que les portes en furent ouvertes, elle envahit la vaste enceinte. Là Messe fut célébrée par Monseigneur l'archevêque de Paris. Après l'évangile, Monseigneur Pie monta en chaire, et par un ingénieux rapprochement, parla du couronnement de la Reine des anges et des hommes dans le ciel, dont celui de la terre était un gracieux et touchant symbole. Il déroula ensuite aux yeux de ses auditeurs le magnifique tableau de toutes les grandeurs passées de la Cathédrale antique; puis, quand il en vint à la restauration de l'église souterraine, il prononça ces paroles remarquables qui furent recueillies et conservées comme des accents prophétiques:

« Oui, j'ose le prédire, Chartres redeviendra plus que jamais le centre de la dévotion à Marie en Occident; on y affluera, comme autrefois, de toutes les parties du monde ».

Après le discours, lecture publique fut donnée de la bulle *Ineffabilis*, proclamant dogme de foi la croyance en l'Immaculée Conception de Marie.. Un religieux silence suivit cette proclamation solennelle de l'un des plus glorieux priviléges de la Mère de Dieu. Monseigneur Regnault s'avança alors vers le trône, gravit les degrés d'une rampe qui s'élevait jusqu'aux pieds de la statue vénérée, et déposa sur son front une riche et brillante couronne. Le célébrant entonna ensuite le *Credo*, auquel l'assemblée, faisant un acte de foi chrétienne au dogme nouvellement promulgué, répondit avec un enthousiasme qui fut à son comble quand tout les prélats, revêtus de leurs habits pontificaux, vinrent successivement offrir l'encens à la Vierge nouvellement couronnée. Mais à cet élan du cœur se joignit bientôt un profond sentiment d'attendrissement, lorsque l'on vit Monseigneur de Montals, s'approcher à son tour, appuyé sur le bras du prêtre qui le guidait, donnant ainsi, avant de s'endormir dans le Seigneur, un public et suprême témoignage de sa tendresse filiale envers la Très-Sainte Vierge dont il se glorifiait d'avoir été, pendant trente ans, *comme l'aumônier et le chapelain, dans son temple le plus renommé* (1).

Il serait trop long de décrire toutes les merveilles de cette journée, disons seulement que le soir, la ville entière resplendissait de mille feux, comme si ses pieux habitants eussent espéré prolonger, par cette lumière artificielle, l'éclat du soleil qui trop tôt pour eux avait disparu de l'horizon !...

C'est à partir de cette époque à jamais mémorable que nous voyons les paroisses de la capitale, Versailles, Le Mans, Orléans, Séez, etc. etc., venir en pèlerinage à Notre-Dame de Chartres, pour se mettre sous sa protection, solliciter ses faveurs et la remercier de ses bienfaits. C'est aussi à dater de ce moment, *que la Confrérie* de Notre-Dame de Chartres (2), rétablie en 1827 par le zèle pieux de M. Lecomte, alors curé de la Cathédrale, vit sensiblement augmenter le nombre de ses membres. La fête patronale de cette Confrérie est celle de Notre-Dame, refuge des pécheurs, qui tombe le dimanche avant la septuagésime. Des réunions ont lieu le premier dimanche de chaque

(1) Discours de Mgr de Poitiers.

(2) Il suffit, pour être membre de cette confrérie, enrichie de nombreuses indulgences, de se faire inscrire et de réciter chaque semaine une dizaine de chapelet.

mois aux pieds de la statue miraculeuse de Notre-Dame du Pilier, dans *l'Eglise supérieure*.

Les saints pontifes Léon XII et Grégoire XVI ont ouvert en faveur de cette confrérie le trésor des indulgences.

Le commencement de l'association de Notre-Dame de Sous-Terre érigée en archiconfrérie par Sa Sainteté Pie IX (bref du 8 avril 1865), remonte également à ce grand jour qui fut une ère de progression et de développement pour l'Œuvre des Clercs de Notre-Dame. (Plus de détails sont donnés sur cette Œuvre à la fin du *Guide*.

CHAPITRE VIII.

NOTRE-DAME DE LA BRÈCHE.

Nous croirions manquer à la douce mission qui nous a été imposée, de conduire les étrangers et les pèlerins aux pieds de la douce Vierge Marie, et de leur faire connaître, soit les magnificences de cette admirable basilique où plane si sensiblement l'esprit de grâce et de prière, soit les mystérieux détours de cette église souterraine où tout redit la grandeur et les bontés de notre aimable souveraine, si nous omettions de les introduire dans le délicieux sanctuaire de Notre-Dame de la Brêche (1). Ce titre seul suffit pour rappeler à tout chartrain de glorieux et consolants souvenirs; mais nous le sentons bien, en voyant les deux colonnettes de la porte en style ogival qui donne entrée à ce gracieux monument, ornées de fleurons supportant des boulets de fer, en apercevant encore des boulets au couronnement de la chapelle; en retrouvant dans l'intérieur plusieurs de ces projectiles (2) placés aux pieds de l'antique statue de Notre-Dame de la Brêche, enfin en lisant sur un cœur de vermeil orné de trophées ciselés, cette inscription belliqueuse: « Honneur à Notre-Dame de la Victoire », la curiosité de nos pieux touristes sera justement éveillée: nous leur devons donc le récit du trait historique et du fait légendaire auxquels se rattachent l'érection de ce sanctuaire, et son vocable si populaire et si vénéré.

Le 1er mars 1568, la ville de Chartres se trouva investie par l'armée des Huguenots, ayant pour chef le prince de Condé. Celui-ci, dans sa haine hérétique contre le culte de Marie, avait juré

(1) Situé dans la rue du même nom.
(2) La plupart ont été lancés contre la ville par les huguenots

(si l'on en croit un ancien auteur), (1)« qu'il déso-
lerait l'église de Notre-Dame, et ferait manger son
cheval sur le grand autel d'icelle ». Paroles impies
qui souillent presque notre bouche en les répétant !
La défense de la ville était confiée au brave An-
toine de Linières qui, voyant que le véritable
danger venait de l'occupation par les ennemis du
ravelin de la porte Drouaise, dirigea de ce côté ses
principaux moyens de défense ; mais, selon toute
prévision humaine, ils devaient être impuissants
contre l'impétuosité et le nombre des Huguenots.
Dans ce péril extrême, les pieux chartrains tour-
nèrent toutes leurs espérances vers *Celle qui est
forte comme une armée rangée en bataille.*
Hommes, femmes, vieillards, enfants accoururent
aux pieds de Notre-Dame de Sous-Terre, pour
joindre leurs voix suppliantes à celles des ministres
du Seigneur.

O bonté, ô puissance de Marie ! ô merveilleux
pouvoir de la prière ! tandis qu'une partie de ce
peuple infortuné levait ses mains vers le ciel,
pendant que l'autre combattait courageusement
pour Dieu et pour la patrie, quelque chose d'éton-
nant et d'admirable se passait devant les remparts.
Les Huguenots, ayant aperçu la statue de Marie
qui surmontait la porte Drouaise, et voulant sans

(1) Challine, p. 176.

doute rendre vaine l'inscription qu'elle portait:
Carnutum tutela, redoublèrent d'efforts, et la
prenant pour but de leur fureur, « tirèrent contre
elle, (comme le dit un naïf historien), tant de
coups de canon et d'artillerie, que tout ce qui était
à l'entour demeura foudroyé; cependant, ils ne
purent jamais atteindre la sainte image, et quand
le 9 mars, ils s'approchèrent pour entrer dans la
ville par la brèche qu'ils avaient faite, ils crurent
voir devant eux une grande dame tenant un enfant
entre ses bras, contre laquelle ils se mirent à re-
doubler leurs décharges. Mais les balles qu'ils
tiraient tombaient sans force ni effet au pied de la
muraille, et quand ils s'efforçaient de pénétrer
dans la ville, ils se sentaient repoussés ». Condé
fut-il témoin de ce prodige? c'est ce que l'on ignore;
mais ce qui est certain, c'est qu'au grand étonnement de tous, un messager fut envoyé au gouverneur par ce *roi des Huguenots* (1), annonçant une
suspension d'armes, dont le 15 au matin les ennemis profitèrent pour se retirer. Les habitants de la
cité chartraine n'hésitèrent pas à reconnaître que
le doigt de Dieu *était là;* et l'évêque de la cité de
MARIE, voulant donner une consécration religieuse au souvenir de cette mémorable délivrance,

(1) Il y eut des médailles, frappées en son honneur, sous le
nom de Louis XIII.

ordonna que tous les ans à pareil jour, il y aurait une procession solennelle.

Depuis on éleva, à l'endroit même où les hérétiques avaient abattu un pan de muraille, un oratoire à la Très-Sainte Vierge sous le nom de Notre-Dame de la Brèche.

En 1789, la petite chapelle fut vendue et démolie, mais, de nos jours, M. l'abbé Baret s'est rendu acquéreur de l'emplacement qu'elle occupait, et a fait construire l'élégant monument qui, depuis cette époque (15 mars 1844), sert de station à la procession commémorative instituée en l'honneur de Notre-Dame de la Brèche ; cette toute-puissante et tout aimable souveraine qui n'a pas permis que sa bonne ville de Chartres fût infestée par le venin de l'hérésie. *Cunctas hœreses sola interemisti in universo mundo.*

CHAPITRE SUPPLÉMENTAIRE.

ÉGLISES SAINT-PIERRE, SAINT-AIGNAN & SAINTE-FOY.

—

ÉGLISE SAINT-PIERRE.

On peut regarder l'église Saint-Pierre de Chartres comme une des plus belles églises secondaires
de la France. Après avoir été longtemps la basilique
d'une célèbre abbaye de bénédictins, placée sous
le patronage du Prince des Apôtres, et vulgaire-
ment appelée *saint Père*, elle est devenue, depuis
le Concordat de 1801, la paroisse de cette partie
de Chartres appelée la basse-ville. L'antique
abbaye a été transformée en caserne.

L'église de Saint-Pierre, fut, au VIe siècle, érigée
en abbaye par Clovis, et richement dotée par la
reine sainte Clotilde.

L'église et l'abbaye éprouvèrent bien des désas-
tres, elles furent détruites une fois par les Normands, et, à diverses reprises, elles devinrent la
proie des flammes. Le dernier de ces terribes in-
cendies remonte au 5 septembre 1134. L'abbé
Udon fit reconstruire l'abbaye et Foulque ou
Foucher, son successeur, l'église de Saint-Pierre.
Les travaux furent commencés vers l'an 1150; ils

eurent pour objet les bas côtés du chœur et les
chapelles absidales. Interrompus pendant quelques
années, ils furent repris vers l'an 1215. Ce fut à
cette époque que l'on éleva la nef et ses bas côtés.
La construction du chœur coïncide avec la fin du
règne de saint Louis (1260 à 1270). Celle de l'abside ne put être terminée avant le commencement
du XIVᵉ siècle. Ainsi de nombreuses générations de
moines ont apporté à ce beau temple, avec le tribut
de leurs talents et de leurs patients labeurs, les
différents types archéologiques du siècle auquel
ils appartenaient.

Présentant dans son ensemble une virile majesté,
l'église de *Saint-Pierre* se développe en parallélo-
gramme irrégulier sur une longueur (hors œuvre
en y comprenant la tour) de 82 mètres, et une
largeur totale, prise au bas de la nef, de 20 mètres
60 centimètres.

Ce qui impressionne le plus en entrant pour la
première fois dans l'église des anciens bénédictins,
c'est l'élégance architectonique et les vitraux
étincelants du chœur et du sanctuaire.

Les révolutionnaires de 93 lui ont enlevé son
remarquable jubé, ses statues richement sculptées;
il ne lui reste plus maintenant, comme objet d'art,
que ses magnifiques *émaux* réprésentant les douze
apôtres avec les attributs qui les distinguent. Ces

émaux, chefs-d'œuvre de la renaissance, décoraient autrefois les parois de la chapelle du château d'Anet; ils sont l'ouvrage du célèbre Léonard *de Limoges*, et portent la date de 1547. On y remarque le chiffre et la salamandre de François 1er.

Ils ornent maintenant les murs de la chapelle absidale de la Sainte Vierge, dont la décoration picturale est due à M. Paul Durand. Le 24 juin 1866, quatre cloches nouvelles ont été bénites solennellement par Mgr Regnault, et placées dans la tour inachevée de l'église.

ÉGLISE SAINT-AIGNAN.

L'origine de l'église *Saint-Aignan* remonte à plus de quinze siècles; au xiiie elle formait une collégiale de sept chanoines. Quatre fois incendié, le monument religieux que nous contemplons aujourd'hui porte la date assez moderne de 1630.

Placé au centre de la partie méridionale de la ville, il ne put échapper aux dévastations des terroristes, et, après avoir servi d'hôpital militaire, il fut transformé en magasin.

Rendu au culte en 1822, *Saint-Aignan* devint église *paroissiale* à cette même époque. Sans être un objet d'admiration pour les archéologues, les amis des œuvres de la renaissance y verront avec intérêt, des sculptures et des peintures sur verre du XVIe siècle *très-bien* conservées.

La voûte vient d'être refaite en lambris peints dont les dessins sont d'un gracieux effet.

ÉGLISE SAINTE-FOY.

Cette antique Église servait de salle de spectacle depuis 60 ans, lorsque le jour même de la bénédiction de Notre-Dame de Sous-Terre, le Révérend Père *Choizin*, alors supérieur des Maristes de Chartres, signa l'acte qui rendait la société de Marie propriétaire du vénéré sanctuaire placé sous le vocable de sainte Foy, vierge et martyre. Le 6 octobre 1859 cette église était solennellement réconciliée et rendue au culte. Depuis cette époque les travaux les plus intelligents ont achevé l'œuvre si bien commencée. Nous signalerons particulièrement aux pieux pèlerins la chapelle de la Sainte Vierge placée derrière le chœur, et celle de saint Joseph, dont les murs sont ornés de peintures murales représentant les différentes phases de la vie du saint patriarche.

Ce délicieux petit sanctuaire est le centre d'une association qui est affiliée à l'archiconfrérie de saint Joseph de Beauvais.

UN HUMBLE SERVANT DE MARIE.

FÊTES PRINCIPALES DU PÈLERINAGE.

1º Le 31 mai, anniversaire du couronnement de de Notre-Dame de Chartres. Le soir, salut solennel et procession dans l'intérieur de l'église; on y porte en triomphe la statue de Notre-Dame du Pilier.

2º Le 15 août, en souvenir du vœu de Louis XIII, grande procession dans les rues de la cité. La sainte châsse est portée solennellement par les chanoines.

3º Du 8 au 15 septembre. La Nativité est la principale fête du Pèlerinage. Ce jour-là, une légion d'enfants, apportés par leurs parents, viennent solliciter les bénédictions de leur Mère du Ciel.

Tous les jours de l'Octave, prédication et salut solennel. Le 15, dernier jour de l'octave, magnifique procession aux flambeaux dans la Crypte illuminée, en l'honneur de l'inauguration de la nouvelle statue de Notre-Dame de Sous-Terre.

4º Le 8 décembre, en commémoration de la proclamation du dogme de l'Immaculée-Conception, deuxième procession aux flambeaux à la Crypte.

Ces deux processions qui se font le soir, avec beaucoup de pompe, dans tout le pourtour de l'église souterraine, attirent chaque année un grand nombre d'étrangers.

ŒUVRE DES CLERCS DE NOTRE-DAME

DE CHARTRES.

But. — L'Œuvre des Clercs de Notre-Dame de Chartres, fondée en 1853, par M. l'abbé Ychard, a pour but d'augmenter le nombre des prêtres, en offrant aux enfants pauvres, de quelque pays qu'ils soient, le moyen de faire leurs études.

Ressources. — Elle a pour ressources avec la protection de Notre-Dame de Chartres qui ne lui a jamais fait défaut : 1º *La Voix de Notre-Dame de Chartres*, petit journal mensuel en l'honneur de Marie et bulletin du pèlerinage (abonnement 3 fr. par an). 2º Les honoraires des différentes fonctions que les Clercs remplissent à la Cathédrale, et 3º enfin la charité des pieux fidèles, qui, comprenant l'importance de cette Œuvre d'éducation ecclésiastique, la soutiennent de leurs aumônes.

Avantages assurés aux Bienfaiteurs. — Les Bienfaiteurs font partie de l'Archiconfrérie de Notre-Dame de Sous-Terre, enrichie de nombreuses indulgences par le Souverain Pontife.

Ils ont part au bénéfice des messes dites à leur intention le samedi de chaque semaine et le 25 de chaque mois, à l'autel de Notre-Dame de Sous-Terre.

Enfin ils participent aux prières spéciales que les Clercs offrent chaque jour pour leurs bienfaiteurs.

Pour plus de renseignements, demander le prospectus de l'Œuvre. S'adresser à M. le Supérieur des Clercs de Notre-Dame, ou à M. le Directeur de la *Voix* de Notre-Dame, à Chartres (Eure-et-Loir.)

CONSÉCRATION DES PETITS ENFANTS

A NOTRE-DAME DE CHARTRES.

—

VIRGINI PARITURÆ.

Un grand nombre de Mères chrétiennes ont le pieux usage de *vouer* leurs enfants à Notre-Dame de Chartres, soit avant leur naissance, soit à l'époque du baptême, pour une ou plusieurs années.

Ordinairement cette consécration est faite pour sept ans.

On ne manque pas d'avertir le chapelain de Notre-Dame, pour l'inscription des noms sur le registre spécial.

L'intention qu'on se propose est de mettre l'enfant sous la protection de la Sainte-Vierge afin qu'Elle veille sur son innocence, qu'Elle le préserve de tout danger, qu'Elle lui conserve la santé et la vie.

L'enfant *voué* à Notre-Dame de Chartres ne porte que des vêtements blancs ou bleus. Il porte aussi une médaille, un cordon et un petit scapulaire de l'Immaculée-Conception.

Quelquefois, pour des raisons particulières, on le *voue*, sans s'obliger aux vêtements blancs et bleus.

L'habitude générale est d'apporter ces petits enfants à Notre-Dame de Chartres, aux principales fêtes de la Sainte-Vierge, de leur faire *dire l'Évangile*, de faire brûler un cierge devant Notre-Dame du Pilier.

Quand on ne peut les conduire au pèlerinage, on charge quelque personne de remplir ces actes de piété à leur intention.

Plusieurs font célébrer une messe aux principales fêtes de la *bonne Notre-Dame*.

Chaque année on fait une offrande d'un franc.

Chaque mois, une messe est dite à l'autel de Notre-Dame Sous-Terre, en l'honneur de la Sainte Vierge, reine des Anges gardiens. Le jour fixé pour cette messe est le premier mardi du mois.

Chaque jour des prières sont faites par les chapelains et par les clercs de Notre-Dame de Chartres.

Jusqu'à ce que l'enfant soit capable de prier, un des membres de la famille récite pour lui les prières suivantes :

— Souvenez-vous, ô très-pieuse Vierge Marie, qu'on n'a jamais ouï dire qu'aucun de ceux qui ont eu recours à votre protection qui ont imploré votre secours, demandé vos suffrages, ait été abandonné. Animé d'une pareille confiance, ô Vierge des vierges, j'accours à vous, et gémissant sous le poids de mes péchés, je me prosterne à vos pieds. Ne méprisez pas ma prière, ô Mère du Verbe incarné; mais écoutez-la favorablement et daignez l'exaucer.

— Divin enfant Jésus, priez pour nous.

— Notre-Dame de Chartres, protégez-nous.

— Saints Anges gardiens, veillez sur nous.

On apprend ces prières au petit enfant le plus tôt possible.

S'adresser au Chapelain de la Sainte Vierge, près de Notre-Dame du Pilier, ou, par lettre, au Supérieur des Clercs de Notre-Dame de Chartres.

LITANIES

DE

NOTRE-DAME DE CHARTRES [1]

Seigneur, *ayez pitié de nous.*

Jésus-Christ, *ayez pitié de nous.*

Seigneur, *ayez pitié de nous.*

Jésus-Christ, *écoutez-nous.*

Jésus-Christ, *exaucez-nous.*

Père Céleste, qui êtes Dieu, *ayez pitié de nous.*

Fils Rédempteur du monde, qui êtes Dieu, *ayez pitié de nous.*

Esprit-Saint, qui êtes Dieu, *ayez pitié de nous.*

Trinité sainte, qui êtes un seul Dieu, *ayez pitié de nous.*

Sainte Marie, Notre-Dame de Chartres, *priez pour nous.*

Notre-Dame de Chartres, honorée par les Druides avant votre naissance, *priez pour nous.*

[1] Ces litanies sont récitées à la Crypte chaque samedi après les recommandations aux prières.

Notre-Dame de Chartres, invoquée par nos pères pendant votre vie mortelle, *priez pour nous.*

Notre-Dame de Chartres, source de la piété de de nos aïeux, *priez pour nous.*

Notre-Dame de Chartres, force des remparts de votre cité favorite, *priez pour nous.*

Notre-Dame de Chartres, miraculeuse en vos saintes images, *priez pour nous.*

Notre-Dame de Chartres, notre sécurité dans les périls, *priez pour nous.*

Notre-Dame de Chartres, notre consolatrice dans les afflictions, *priez pour nous.*

Notre-Dame de Chartres, notre refuge dans les malheurs, *priez pour nous.*

Notre-Dame de Chartres, notre libératrice dans les tentations, *priez pour nous.*

Notre-Dame de Chartres, notre santé dans les maladies, *priez pour nous.*

Notre-Dame de Chartres, soutien des faibles, *priez pour nous.*

Notre-Dame de Chartres, protectrice des étudiants, *priez pour nous.*

Notre-Dame de Chartres, bouclier du soldat, *priez pour nous.*

Notre-Dame Chartres, salut du nautonnier, *priez pour nous.*

Notre-Dame de Chartres, tutelle des orphelins, *priez pour nous.*

Notre-Dame de Chartres, doux espoir des mères, *priez pour nous.*

Notre-Dame de Chartres, secours des enfants, *priez pour nous.*

Notre-Dame de Chartres, lumière des aveugles, *priez pour nous.*

Notre-Dame de Chartres, ouïe des sourds, *priez pour nous.*

Notre-Dame de Chartres, espérance des désespérés, *priez pour nous.*

Notre-Dame de Chartres, ravissant à la mort ses victimes, *priez pour nous.*

Notre-Dame de Chartres, refuge assuré des pécheurs, *priez pour nous.*

Notre-Dame de Chartres, trésor des pauvres, *priez pour nous,*

Notre-Dame de Chartres gardienne de la France, *priez pour nous.*

Notre-Dame de Chartres, terreur de nos ennemis, *priez pour nous.*

Notre-Dame de Chartres, qui défendez le Saint-Siége apostolique, *priez pour nous.*

Notre-Dame de Chartres, qui avez écrasé l'hérésie, *priez pour nous.*

Notre-Dame de Chartres, objet du culte et de la

vénération de tout l'Occident, *priez pour nous.*

Notre-Dame de Chartres, si chère aux pèlerins, *priez pour nous,*

Notre-Dame de Chartres, souvent visitée par les rois et les princes de la terre, *priez pour nous.*

Notre-Dame de Chartres, assise sur un trône d'où vous répandez tant de faveurs, *priez pour nous.*

Notre-Dame de Chartres, élevée sur une colonne couverte de tant de baisers, *priez pour nous.*

Notre-Dame de Chartres, reine du clergé. *priez pour nous,*

Notre-Dame de Chartres, conçue sans la tache du péché originel, *priez pour nous.*

Notre-Dame de Sous-Terre, *priez pour nous.*

Notre-Dame du Pilier, *priez pour nous.*

Notre-Dame de Chartres, notre secours pendant la vie et à l'heure de notre mort, *priez pour nous.*

Par votre saint Vêtement que Chartres a le bonheur de posséder *exaucez-nous.*

Agneau de Dieu, qui effacez les péchés du monde, *pardonnez-nous, Seigneur.*

Agneau de Dieu, qui effacez les péchés du monde, *exaucez-nous, Seigneur.*

Agneau de Dieu, qui effacez les péchés du monde, *ayez pitié de nous, Seigneur.*

Jésus-Christ, *écoutez-nous.*

Jésus-Christ, *exaucez-nous.*

v. Notre-Dame de Chartres, *priez pour nous.*

r. Afin que nous devenions dignes des promesses de Jésus-Christ.

PRIONS

Mon Dieu, qui, par vos Prophètes, avez annoncé au monde la Vierge qui doit enfanter le Désiré des nations, accordez-nous, par l'intercession de Notre-Dame de Chartres, les grâces que nous sollicitons de votre bonté paternelle, et formez dans nos cœurs Jésus-Christ, votre divin Fils, qui vit et règne avec vous dans tous les siècles des siècles. Ainsi soit-il.

PRIÈRE DU PÈLERIN

A N.-D. DE CHARTRES.

O Notre-Dame de Chartres, ma Mère et ma souveraine, avec quel bonheur je me prosterne à vos pieds ! Ici, nul ne peut dire tous les prodiges que vous opérez chaque jour en faveur des âmes qui vous invoquent; aussi, quel confiance, quel amour anime tous vos enfants ! VIERGE AUX MIRACLES, comme vous appelaient nos pères, guérissez ceux qui souffrent; consolez ceux qui pleurent. Préservez les familles; protégez les enfants. La tendre sollicitude de votre cœur maternel veille sur les *justes* pour les soutenir, sur les *pécheurs* pour les convertir, sur les *prêtres* pour les fortifier, sur les *fidèles* pour les sauver, De votre Crypte vénérée, NOTRE-DAME DE SOUS-TERRE, soyez toujours la source de la grâce ! De votre trône sacré que tant de fois nous baisons avec respect, NOTRE-DAME DU PILIER, soyez toujours la dispensatrice des trésors célestes ! Malgré mon indignité, j'ose vous demander ma part à vos innombrables bienfaits; vous m'exaucerez, ô NOTRE-DAME DE CHARTRES, afin que la gloire de votre nom brille du plus vif éclat dans les siècles des siècles. Ainsi soit-il.

TABLE DES MATIÈRES

Pages.

Avis aux visiteurs et aux pèlerins 5
CHAP. 1er. — Histoire abrégée de l'église de Chartres. . . 7
CHAP. II. — Description de l'extérieur de la Cathédrale
    de Chartres 15
    Plan de la Cathédrale, façade méridionale 18
    Façade occidentale — Les clochers 19
    Façade septentrionale 27
CHAP. III. — Description de l'intérieur de la Cathédrale
    de Chartres 30
    Noms des cinq chapelles comprises dans le pour-
    tour du chœur 31
    Clôture du chœur 33
    Chœur et sanctuaire. — L'Assomption 36
    Le Trésor. — Les tableaux de Bridan 37
    Châsses de saint Piat et de saint Taurin 38
    Perspectives et proportions de l'édifice 38
    La lieue 39
    Vitraux 40
    Les trois grandes roses 41
    Les sept grandes verrières de l'abside 43
    Notre-Dame de la belle verrière 44
CHAP. IV. — Description de la Crypte ou église souter-
    raine de Notre-Dame de Chartres 45

Dimensions de la Crypte. — Ses diverses entrées . 46
Chapelle de Notre-Dame de Sous-Terre 47
Chapelle des Saints-Forts 49
Beau reliquaire du XIII° siècle 49
Ex-voto des Hurons et des Abnaquis 50
— des Lapons 50
Chapelle du pourtour de la Crypte 52
— de sainte Véronique 52
Le caveau, ancien martyrium, chapelle de st Lubin. 52
Chapelle de saint Joseph 53
— de Saint Fulbert. 54
— de saint Jean-Baptiste. 54
— de saint Yves. 54
— de Sainte Anne 55
— de sainte Madeleine. 55
— de saint Martin. — Les restes de l'ancien
Jubé 55
— de saint Clément et de saint Denis . . . 56
— de saint Nicolas. — Tombeau de saint
Calétric 56
Baptistère et piscine du XIII° siècle. 57
CHAP. V. — Pèlerinage de Notre-Dame de Sous-Terre . 59
CHAP. VI. — La sainte Tunique de la Très-Sainte Vierge. 64
Faits merveilleux qui se rattachent à l'histoire de
la sainte Tunique 68
Le choléra en 1832 à Chartres 71
CHAP. VII. — La Vierge Noire ou la Vierge du Pilier . . 75
Vœu de Mgr de Montals 76
Couronnement de N.-D. du Pilier, le 31 mai 1855. . 77
CHAP. VIII. — Notre-Dame de la Brèche 81
Son histoire, sa chapelle. 82
CHAP. IX. — Eglises de Chartres 86
1. Saint-Pierre 86
2. Saint-Aignan 88
3. Sainte-Foy. 89
Fêtes principales du pèlerinage 90

Œuvre des clercs de Notre-Dame de Chartres . . . 91
Consécration des enfants à Notre-Dame de Chartres. 93
Litanies de Notre-Dame de Chartres 96
Prière du pèlerin à Notre-Dame de Chartres . . . 101

FIN.

Chartres.— Imp. F. MILAN-LEDUC, Rue du Soleil-d'Or, 21

www.ingramcontent.com/pod-product-compliance
Lightning Source LLC
Chambersburg PA
CBHW052129090426
42741CB00009B/2015